EL ARTE DE
HACER PREGUNTAS

EL ARTE DE
HACER PREGUNTAS

El método socrático para triunfar en la vida y en los negocios

MARIO BORGHINO

Grijalbo

El arte de hacer preguntas
El método socrático para triunfar en la vida y en los negocios

Primera edición: marzo, 2017
Primera reimpresión: abril, 2017
Segunda reimpresión: mayo, 2017
Tercera reimpresión: julio, 2017

D. R. © 2016, Mario Borghino

D. R. © 2017, derechos de edición mundiales en lengua castellana:
Penguin Random House Grupo Editorial, S. A. de C. V.
Blvd. Miguel de Cervantes Saavedra núm. 301, 1er piso,
colonia Granada, delegación Miguel Hidalgo, C. P. 11520,
Ciudad de México

www.megustaleer.com.mx

ISBN: 978-607-315-166-5

Impreso en México – *Printed in Mexico*

El papel utilizado para la impresión de este libro ha sido fabricado a partir de madera procedente
de bosques y plantaciones gestionadas con los más altos estándares ambientales, garantizando
una explotación de los recursos sostenible con el medio ambiente y beneficiosa para las personas.

Penguin
Random House
Grupo Editorial

ÍNDICE

Introducción   9

La magia de las preguntas   11
Principios para una buena negociación   23
¿Soy reactivo o proactivo en mis entrevistas y negociaciones?   43
El lenguaje en las entrevistas o negociaciones   61
Mi estilo personal durante las entrevistas o negociaciones   73
Preguntar y escuchar: dos caras de la misma moneda   91
Pregunta como Sócrates   101
Negocia como Sócrates   117
Lidera con preguntas   149
El secreto para resolver problemas a través de preguntas   173

EPÍLOGO   199
CONCLUSIONES   203

INTRODUCCIÓN

Sólo sé que no sé nada y esa nada ni siquiera
sé que no la sé.

Sócrates

Cuando leas este libro te sorprenderás al descubrir que existe un mundo más amplio del que has experimentado hasta hoy y que sólo lo conseguirás indagando. El arte de hacer preguntas correrá el velo que encierra una dimensión ilimitada de oportunidades al explorar en la mente de las personas. Aprenderás a involucrarte en el mundo del pensamiento que yace más allá de las conversaciones y del mundo aparente que los demás te dejan ver. La simplicidad tradicional de tus preguntas se irá desvaneciendo y te transformarás en un estratega en el arte de hacer preguntas inteligentes. El propósito es que a través de ellas logres mejores negocios y resuelvas problemas complejos en tu equipo de trabajo y que aprendas a tener control de tus negociaciones. Si eres profesor o maestro podrás incrementar tu capacidad para hacer pensar a tus alumnos. Si eres reportero podrás cambiar el rumbo de tu carrera profesional siendo más agudo. Si te dedicas a la política podrás encontrar mejores soluciones y si eres un líder podrás manejar mejor a tu equipo. Adicionalmente descubrirás que, para las interrogantes de tu vida, tú eres el único que tiene las respuestas.

De esta manera encontrarás nuevos senderos que te harán evolucionar en tu vida y cambiarás para siempre el rumbo de tu carrera profesional.

Decidí escribir este libro porque los seres humanos con el tiempo hemos perdido la capacidad de preguntar, y damos por hecho la cotidianidad. La enorme cantidad de respuestas empaquetadas que recibimos diariamente reproducen el saber ajeno. Pero las respuestas a tus propias preguntas cultivarán tu sabiduría; elevarán tu nivel de conciencia y las respuestas se convertirán en el motor de tu éxito. Las preguntas surgen de la necesidad de descubrir pero vivimos en una sociedad donde todo se nos da hecho y precocido. Nos hemos transformado en receptores de información masiva, y poco indagadores. Con este libro podrás finalmente revertir este proceso en ti también.

Descubrirás técnicas que te permitirán manejar tus juntas, reuniones o negociaciones con un alto nivel de sofisticación de diálogo.

Los capítulos te llevarán a conocer tu estilo como entrevistador, así como la importancia de dominar un buen diálogo. También descubrirás si eres una persona proactiva o reactiva ante situaciones de confrontación y conflicto. Este descubrimiento en ti será clave para tu madurez profesional

Distinguirás que hay diversos tipos de preguntas de menor a mayor complejidad para identificar información distinta. Comprenderás que para hacer preguntas inteligentes necesitas construirlas a priori en tu mente, para que provoques una reflexión en los demás y con ello elevar tu capacidad de control de la conversación.

Te transformarás en un profesional de la indagación, un experto negociador que descubrirá la información que está oculta en la mente de los demás, que te llevará a resolver un problema o ganar un proyecto.

Decía Sócrates en el siglo IV a.C.: "Si se interroga a los seres humanos, con buenas preguntas, se puede llegar a descubrir la verdad de las cosas".

Estás a un paso de cuestionarte: ¿Me llevo este libro de una vez?

CAPÍTULO 1

LA MAGIA DE LAS PREGUNTAS

EN ESTE CAPÍTULO

- Sabrás por qué es importante hacer preguntas en tus juntas o negociaciones.
- Podrás aplicar técnicas para formular preguntas que encaminen tu vida personal.
- Entenderás que las preguntas son fundamentales para el desarrollo de tu carrera.
- Aprenderás que quien hace más preguntas inteligentes es más exitoso.
- Desarrollarás tu potencial para conectarte con los demás a través de preguntas inteligentes.
- Conocerás las habilidades de un buen entrevistador.

En el frenético mundo en el que hoy vivimos se espera que tengamos respuestas rápidas, tal como si no hubiera tiempo que perder. Afortunadamente tenemos acceso a mucha información como para soportar la demanda de información en tiempo real. Hoy parece que nos urge responder las preguntas que nos hacen para poder impresionar; no queremos dar la sensación de que ignoramos algo. Al parecer nos acostumbramos y no podemos contener el impulso de la respuesta inmediata para salir del paso e impactar a la contraparte. La mayoría de líderes, empresarios, vendedores, padres de familia, políticos, abogados y reporteros no logran dominar ese impulso y utilizan rápidamente algunas preguntas clásicas con tintes de superficialidad con el propósito de salir adelante y continuar manejando la situación. Pero paradójicamente la velocidad va en detrimento de la profundidad y aparenta dar soluciones sin involucrar demasiado a las partes. Nos encanta sentir que tenemos la razón, nos da un sentido de dominio y provee oxígeno a nuestra autoestima.

En el ámbito de los negocios se asume que un ejecutivo profesional debe tener las respuestas a la mano y demostrar que tiene el control absoluto del tema. Sin embargo, en el fondo, la sabiduría nos indica que es más importante saber que estamos haciendo lo correcto que la velocidad que le impregnamos a las conclusiones. Es más importante la dirección que toma nuestra entrevista que la rapidez de la respuesta. Éste es un paradigma egocéntrico que debemos erradicar de nuestra cultura competitiva si queremos tomar decisiones más inteligentes. Los psicólogos no se dan abasto hoy día para atender parejas en sus consultorios que acuden a resolver un problema de falta de comunicación. Muchos dicen: "Llevo diez años casado y no conozco a mi pareja". Los padres también han demostrado que padecen de ese problema, que no conocen a sus hijos; parecería que sólo hablan, pero no se involucran.

Desafortunadamente, cuando éramos niños tampoco fuimos educados para formular preguntas. Por el contrario, cuando cuestionábamos a los adultos —¿por qué esto?, ¿por qué aquello?— con frecuencia nos evadían o cambiaban de tema. Incluso, para algunas culturas orientales, hacer preguntas se considera una intromisión a la intimidad y en consecuencia se reprime la curiosidad interpersonal. Pero en el mundo de los negocios eso es exactamente lo opuesto, necesitamos conocer la intimidad, lo que la otra persona esconde y no nos manipule.

Esta inhibición del hábito de formular preguntas a temprana edad ha limitado el desarrollo de nuestra habilidad para cuestionar las cosas en la edad adulta. Paradójicamente, cuando llegamos a adultos, es cuando más la necesitamos si queremos triunfar en los negocios.

En este libro aprenderás a formular preguntas inteligentes; elevarás tu nivel de especialización aprendiendo diversos tipos de preguntas para abordar temas puntuales; cuestionarás tu método actual de hacer preguntas y tus propios paradigmas, y establecerás un diálogo interno que te permitirá cuestionarte a ti mismo y a tu modelo de vida personal y profesional.

Elemental, mi querido Watson

No es casualidad que los mejores pasajes de la historia de la literatura estén siempre ligados con las preguntas. Por ejemplo: "¿Ser o no ser? Ésa es la cuestión", decía Shakespeare a través del príncipe Hamlet, al contemplar la vida y la muerte.

Recuerdo que una vez leí una historia que describía la investigación que estaba realizando el famoso detective inglés Sherlock Holmes acerca de un caballo que había sido robado del establo de una gran mansión. La investigación llevaba días, pero cuando Holmes toma las riendas del caso, como por arte de magia concluye rápidamente que el encargado del establo estaba involucrado en el robo. Todos asombrados le preguntaron: "¿Cómo llegó a esa conclusión tan rápido señor Holmes?"

El jefe de policía le pregunta: "¿Hay algo que usted vio que yo no vi?", y Holmes le responde: "La clave que me llevó a dicha conclusión fue que el perro no ladró la noche del robo. Eso fue todo". El inspector abrió los ojos confundido y le pide a Holmes que lo aclare y éste respondió con tres preguntas:

"Señor inspector: 1. ¿El perro estaba presente la noche que ocurrió el robo del caballo?" El inspector responde: "Sí, señor Holmes".

2. "¿El perro ladró cuando robaron el caballo?" El inspector responde: "No. Confirmamos que el cuidador estaba dormido y no despertó".

3. "¿A quién el perro nunca ladraría a medianoche?" El inspector responde: "Por supuesto, al encargado del establo, él es su dueño". —Entonces, señor inspector, todo apunta al encargado del establo.

Finaliza entonces Holmes: "Vea inspector, cuando se hacen las preguntas correctas, la respuesta es... elemental, ¿no, mi querido Watson?"

Los riesgos de no preguntar

En 2001, el equipo Juventus vendió al famoso jugador de futbol francés Zinedine Zidane por 73 millones de dólares al Real Madrid. Fue el precio más alto pagado por un futbolista en la historia de ese deporte en aquellos días. Cinco años más tarde, Zidane confesó ante la televisión francesa que pudo haber aceptado 40 millones de dólares por su fichaje y no los 73 millones que pagaron.

Pero lo sorprendente fue que el Real Madrid también dijo que si Zidane en aquel momento hubiera declinado su oferta, le hubiesen ofrecido más de 73 millones. "Queríamos a Zidane a como diera lugar". La pregunta es: ¿Quién se equivocó? Lo curioso es que ambas partes dejaron dinero en la mesa sólo por no haber hecho las preguntas correctas que les permitieran conocer el pensamiento oculto de su contraparte. Ambos se confiaron, creyeron que tenían toda la información y tomaron una decisión en la que ambas partes podrían haber ganado muchos millones adicionales. El fichaje anterior de Zidane, en 1996, del Burdeos a la Juventus, había sido por sólo $4 500 000 dólares. ¡Una gran diferencia respecto a $73 millones!

Cuántos negociadores dejan dinero en la mesa o cuántos vendedores pierden una venta mayor por no continuar investigando. Cuántos líderes pierden la oportunidad de tomar una decisión más inteligente en su afán por resolver un problema con premura. Cuántas personas se quedan sin alcanzar las metas de su vida por no arriesgarse a cuestionar lo que piensan y se conforman con preguntas poco comprometedoras, de sentido común, desdeñando las que verdaderamente descubren el pensamiento profundo de la otra persona.

Cuando pregunto a vendedores, líderes, periodistas, políticos, abogados o ejecutivos por qué no hacen más preguntas, esgrimen las siguientes razones:

1. No quiero exponerme innecesariamente ante los demás y no saber qué decir después de la primera respuesta que obtengo de la otra persona.
2. Aprendí que impresiono más si contesto y doy mi punto de vista.
3. No hago muchas preguntas para no meterme en problemas.
4. No quiero que piensen que realizo un interrogatorio o que intento manipular el sentido de la entrevista.
5. Con mis hijos las preguntas no funcionan porque responden con monosílabos.
6. No sé cómo obtener información de las personas que no conozco a través de preguntas.
7. No sé qué preguntas formularme para descubrir qué pasa en mi vida.
8. No hago muchas preguntas porque los clientes pueden sentirse cuestionados.
9. Hacer varias preguntas abruma a las personas.
10. A las personas no les gusta que les hagan preguntas, se sienten interrogadas.

¿Por qué hacer preguntas?

En el libro de negocios titulado *The Good to Great*, el autor Jim Collins demostró en su libro que los grandes líderes, negociadores y políticos independientes se caracterizan por tener la capacidad de reconocer que hay muchos puntos que desconocen, y esa premisa los enfoca en la necesidad de hacer preguntas. Ser curiosos es necesario para ir descubriendo las capas que permean la verdad final de un tema. Sólo así descubrirán información que ignoraban en su inicio o aflorarán las intenciones de la contraparte con mayor fidelidad. ¿Te imaginas las preguntas que se habrán hecho Kennedy y su equipo de asesores en 1962 en la famosa crisis de octubre, cuando la flota americana enfrentó a la flota rusa para evitar el traslado de los misiles nucleares a Cuba?

> **"La gente exitosa sabe hacer preguntas inteligentes y en consecuencia toma mejores decisiones."**
>
> Anthony Robbins

Durante la Segunda Guerra Mundial, el general George Patton de las fuerzas de infantería de Estados Unidos, considerado uno de los más grandes estrategas militares de aquellos tiempos, solía decir de sus enemigos:

> He estudiado al enemigo toda mi vida. He leído las memorias de sus generales y sus líderes. He leído su filosofía y he escuchado su música. He estudiado con detalle el número de caídos en sus batallas. Sé perfectamente cómo reacciona en ciertas circunstancias. Y él no tiene la menor idea de lo que haré. Pero cuando llegue el momento, lo derrotaré y haré que se marche al infierno.

Este párrafo de su historia, titulado "Patton's Principle", muestra que un buen estratega siempre debe recabar información si pretende triunfar. Este principio también lo aplican los grandes empresarios como

Michael Dell, fundador de Dell Computer, quien es un gran conocedor del poder de la indagación. Suele decir: "Haciendo muchas preguntas las puertas se me abren para encontrar nuevas ideas que me ayudarán a ser más competitivo y ganar la batalla en los negocios". Es un firme creyente de que el poder de hacer las mismas preguntas a diferentes grupos en su empresa y comparar sus respuestas le permite encontrar mejores soluciones a los problemas que se le presentan.

Habilidades de un buen entrevistador

Presumo que Albert Einstein no hubiera formulado la teoría de la relatividad sin haberse hecho antes miles de preguntas, a sí mismo y a sus colaboradores. Einstein solía decir: "El secreto en la vida no es darle respuesta a viejas preguntas, sino hacernos nuevas preguntas para encontrar nuevos caminos".

Debes aprender a descubrir el verdadero norte de una conversación, es decir, la ruta correcta hacia el éxito. Ahora te invito a que dejes de leer, cierra los ojos y levanta la mano derecha hacia arriba y, de inmediato, sin abrir los ojos apunta tu brazo hacia el norte. La pregunta que debes hacerte ahora es: "¿Cómo confirmo que estoy en la dirección correcta?". Sin duda: "Con una brújula". En este libro encontrarás las técnicas para identificar esa brújula mental con la que debes guiar tus entrevistas de negocio.

Los buenos entrevistadores poseen las siguientes habilidades:

- Muestran interés genuino por la otra persona y cómo se expresa, más que por el resultado de la entrevista.
- Estimulan a los demás a expresar sus propias ideas todo el tiempo.
- Aprenden a realizar preguntas inteligentes para estimular respuestas de la persona que tienen enfrente.

- Crean un ambiente en el que las preguntas estimulan la búsqueda de respuestas, en lugar de ofrecer soluciones precipitadas.
- Propician un ambiente de reflexión para encontrar las respuestas adecuadas al problema.
- Son tolerantes y saben esperar el momento para asestar su pregunta inteligente.
- Saben cuándo no hablar, callarse y esperar una respuesta.

En las páginas siguientes en este libro aprenderás cómo desarrollar estas habilidades.

Preguntas de auto-reflexión

- ¿Me concentro en investigar antes de sostener una entrevista para formular preguntas inteligentes?
- ¿Me considero una persona que formula preguntas agudas?
- ¿Sé cómo tomar por sorpresa a las personas con preguntas inteligentes?
- ¿Sé cómo enfocarme en lo importante para que no se me escapen los puntos centrales durante una entrevista?
- ¿Tengo la habilidad de la empatía para ponerme en el lugar de otras personas?
- ¿De qué me doy cuenta al hacerme las preguntas anteriores?

Aprende a usar las palabras mágicas

Tal como la magia pretende crear o transformar algo mediante actos o palabras, las preguntas son el preámbulo del descubrimiento y de la innovación; son el camino para identificar nuevas soluciones, descubrir necesidades y resolver problemas múltiples que existen en la mente de la otra persona. Una entrevista puede equipararse a un ritual por medio del cual es posible traer a la luz aquello que hasta ahora estaba en la oscuridad y también puede semejarse a una entrevista que la CIA realiza a sospechosos que no quieren decir lo que saben.

Pero no todas las preguntas son mágicas; con algunas, como las preguntas directas, no logras obtener la información que necesitas, a diferencia de las inteligentes, llamadas también reflexivas, cuyo propósito es conocer lo que piensa el entrevistado y en qué está pensando en ese momento. Nunca te quedes con lo que la gente dice, indaga lo que quiso decir, cuál es su enfoque, en qué está pensando.

Recuerda que las entrevistas son un juego de mentes: quien formule las mejores preguntas obtendrá la mejor información. El uso frecuente de preguntas inteligentes te irá abriendo el camino hacia una solución. Son verdaderas bombas de profundidad, en busca del sentido y el fondo del tema. Va hacia lo oculto del tema.

Se requiere esfuerzo y disciplina para construir el hábito de *preguntas inteligentes* que lleven a la reflexión y permitan adentrarse, con profundidad, en la mente de la otra persona. Son especialmente útiles si tienes un rol de líder o negociador.

Preguntas reflexivas

Estas preguntas tienen el propósito de encontrar más información sin que la otra persona lo perciba. No es un cuestionamiento abrumador directo. Inclusive cuando una pregunta provocó reflexión en la respuesta, te induce a una segunda pregunta de inmediato para ir más a fondo.

Es un proceso como el de las muñecas rusas que abres una y siempre encuentras otras dentro.

Por ejemplo, un líder puede llegar a preguntar:

- ¿*Cómo* interpreta lo que acaba de decir el director financiero?
- Si quiere continuar con ese proyecto, ¿*qué* resultado espera alcanzar?

- ¿*Qué* otras opciones encuentra en la idea que le acabo de plantear?
- ¿*Cuál* es su idea acerca de ese proyecto? ¿Cuál es tu enfoque?
- ¿*Qué* actitudes tiene que le impiden alcanzar sus resultados?
- ¿*Qué* lo hace pensar que es un gran riesgo tomar esa decisión?
- Si tuviera que cambiar el sistema, ¿por *cuál* optaría?
- ¿*Cómo* podríamos resolver el problema que me plantea?
- Con lo que me acaba de decir, ¿en *qué* solución está pensando?
- ¿*Cuáles* son los síntomas que tiene en el momento de realizar ese movimiento físico?
- ¿*Cómo* se siente ante la situación por la cual está pasando?

Segundas preguntas reflexivas

Una vez que has obtenido una respuesta a la primera pregunta reflexiva, es aconsejable formular una segunda pregunta, con el fin de profundizar aún más en la mente de la contraparte. En muchos casos ayudan también a clarificar el punto o conocer otros ángulos del tema, por ejemplo:

- ¿En qué sustenta lo que acaba de decir?
- ¿Cómo garantiza que esos cambios que menciona nos conduzcan a lo que nos proponemos alcanzar?
- ¿Qué le garantiza que eso que me dice le permitirá lograr los resultados?
- ¿Podría ser más específico en cuanto a sus planes de retiro?
- ¿Cuán posible es la solución que acaba de mostrarme?
- ¿Por qué la ciudadanía se encuentra tan escéptica acerca del tema que me presenta?
- ¿Qué más hay de fondo en lo que me dice, ya que no coincide con lo que he visto hasta el momento con la ciudadanía?

CONSEJOS

- Recuerda el riesgo que corres por no hacer preguntas.
- Si no haces preguntas, puedes perder mucho dinero como la Juventus con Zidane.
- Ahora debes tomar conciencia de por qué es importante para tu vida personal y profesional hacer preguntas.
- Conoce las habilidades que tienen los profesionales de hacer preguntas.
- Ahora debes aplicar las preguntas inteligentes que hacen pensar a la otra persona.

TAREA

- Escribe en un cuaderno las preguntas reflexivas de más impacto que te permitan repetirlas en tus juntas de trabajo o en tus negociaciones.
- Colecciona preguntas inteligentes, no las dejes sólo en tu mente.
- Trabaja en tus habilidades, planea tus próximas juntas, reuniones y negociaciones con tu equipo o con tus clientes.
- Créate el hábito de hacer preguntas reflexivas porque ya tienes el hábito de NO hacer preguntas ¡y ése debes erradicarlo ya!

CAPÍTULO 2

PRINCIPIOS PARA UNA BUENA NEGOCIACIÓN

EN ESTE CAPÍTULO

- Aprenderás a crear imágenes a través de la pregunta.
- Conocerás que la mejor pregunta es la que no se percibe como tal.
- Identificarás el principio de primero escucha, luego preguntas.
- Verás la importancia de confirmar en tus entrevistas.
- Si quieres convencer, debes usar el lenguaje de la contraparte.
- Si no sabes preguntar siempre serás dominado por la contraparte.

Una imagen dice más que mil palabras

Las preguntas son palabras mágicas que abren la mente de las personas y la visualización es un componente muy importante dentro del ritual de una entrevista. Podríamos decir que las imágenes constituyen el timón de la magia, pues nos ayudan a dirigir la energía para conectar con la mente de la contraparte.

Los grandes entrevistadores formulan preguntas que no sólo conducen a una respuesta descriptiva, sino que producen una imagen en la mente en el momento de la respuesta, al contestar nuestra mente inconscientemente está viendo la imagen de lo que dice. Si tuviéramos un sistema virtual, nuestra mente proyectaría una imagen perfecta de lo que tú y la otra persona se imaginan cuando responden. Ése es tu secreto, aprender a inducir imágenes en la contraparte y que tanto tú como ella tengan visualizaciones y tú confirmes esas imágenes con preguntas todo el tiempo, utilizando preguntas de confirmación como: ¿Si comprendo bien, es esto lo que quieres decir?, ¿cómo tú te imaginas la solución?, ¿qué es lo que te preocupa?, ¿el problema, por lo que veo, es éste? Las imágenes permiten que la otra persona comprenda de inmediato y tú también. Por ello las preguntas reflexivas son tan importantes, porque inducen a que la mente de la otra persona vislumbre posibles soluciones. La otra persona debe valorar el beneficio de arriesgarse a dar una respuesta. Los buenos negociadores son maestros en descubrir la visión interna que tiene la otra persona.

Los médicos suelen usarlas cuando indican: "Descríbame en qué momentos surge este dolor". Los psicólogos también las usan cuando indagan: "Deme un ejemplo de dicha situación". Un político podría preguntar: "¿Qué alternativas se imagina para resolver el problema de la comunidad?". Un reportero podría iniciar preguntando: "¿Cuáles fueron en el fondo los motivos que lo impulsaron a tomar esa decisión?".

Todas estas preguntas requieren pensar y visualizar la respuesta para poderla construir, ya que para que haya reflexión debes haber construido una imagen mental antes de comunicarla. También estimulan la reflexión para dar una respuesta. En suma, tu inteligencia en el mundo de las preguntas es crear en la mente de los demás imágenes que sean expresadas a través de palabras y tú confirmando cada una para ir avanzando poco a poco. Frecuentemente cuando alguien tiene una imagen mueve sus ojos hacia arriba, toma la imagen y dice lo que tiene en su mente. La próxima vez observa sus ojos.

Los buenos entrevistadores desarrollan la técnica de continuar haciendo una y otra vez preguntas reflexivas, ya que éstas tienen un nivel de profundidad y compromiso emocional tal que los lleva a descubrir la verdad de la cosa. Cuanto mejores sean tus preguntas, mayor será la reflexión que realizará la otra persona, porque tú la estarás llevando por el camino de la reflexión, no a expresar banalidades para salir del paso. El producto final será que ambos tengan una mejor introspección del tema.

Preguntas como las que presento a continuación permiten que la persona exprese su historia en sus propias palabras. Esa historia requerirá una imagen mental antes de decirla porque pertenece al mundo de la reflexión. Recuerda el movimiento de sus ojos en tu próxima junta, con tu equipo de trabajo o con un cliente, si eres un negociador; el propósito es construir imágenes para obtener el pensamiento oculto.

> **Tú, como entrevistador, siempre debes estimular la imaginación de tu interlocutor y el éxito estará muy cerca.**

IMÁGENES:

- ¿Cómo visualiza la solución?
- ¿Cómo describiría el camino para llegar a resolver este tema?
- ¿Qué ventajas obtendría si toma esa alternativa?
- ¿Por qué cree que la solución que eligió es la correcta? ¿En qué está pensando?
- ¿Cómo visualiza su vida personal en los próximos tres años?
- ¿Cuál es el camino que tiene más probabilidades?
- ¿Qué consecuencias podría tener su decisión?
- ¿Cuál es su percepción del problema que estamos viviendo? Descríbame la situación.
- ¿Podría describirme cómo se vería resuelto el tema?
- ¿El problema no será cómo vemos el problema cada uno?
- ¿Cómo se lo imagina?, ¿cómo lo construiría?
- ¿Cómo visualiza la solución? Deme una idea.
- ¿Cómo describiría dicha situación?

Recuerda: Tu destreza es la construcción de imágenes en la mente de la otra persona para que vea la respuesta, inclusive será mejor si las escriben o dibujan en un papel.

Si tú eres un líder también necesitas formular este tipo de preguntas cuando quieras resolver un problema con tu equipo de trabajo:

- ¿En qué alternativas de solución está pensando?
- ¿Cuáles son las opciones con las que cuenta?
- ¿Cuál es su preocupación para resolver este tema?
- ¿Qué implicación tendría en el mercado si tomamos esa decisión?
- ¿Qué alternativas tenemos si este año el mercado se estanca?
- ¿Qué escenarios tenemos para resolver ese problema?
- Señores, ¿alguien tiene una idea del problema en que estamos?

El secreto de una buena pregunta es que no se perciba

En los años noventa, la fuerza aérea de Estados Unidos diseñó un avión con alas tipo delta llamado Stealth, conocido también como avión furtivo, por ser indetectable por los radares enemigos. La razón por la cual traigo esta referencia es que tus preguntas deben tener la misma virtud de este avión, deben ser imperceptibles para la otra persona.

Las personas se sorprenden cuando les digo que el arte de hacer preguntas radica en que nuestro entrevistado no logre sentir que estamos haciendo preguntas, sino que simplemente estamos conversando sin peligros ni amenazas. Debes saber articular preguntas tan sutiles que resulten imperceptibles a la conciencia de la otra persona. Cuando escuchan preguntas directas, la mente de las personas intuyen que tú pretendes algo al formularlas. Nadie en su sano juicio soporta a una persona que hace preguntas incómodas, directas, una tras otra, y advierte que intentas algo con ellas, y eso los pone en estado de alerta.

Cuando haces preguntas muy directas, la otra persona tiende a no decir lo que piensa, sino a darte una parte de la trama o lo que quiere dejarte saber. Se protege porque entendió lo que tú pretendías con la pregunta y ocultó la respuesta o parte de ella. Esto es muy frecuente que le suceda a un reportero, más aún con algún político o figura pública. Es la misma posición de una tortuga que se cobija en su caparazón y no hay forma de sacarla de su postura. El secreto es construir preguntas sustentadas en el interés de la contraparte con el propósito de que la otra persona sienta que tus ideas y las suyas tienen complementariedad o son similares. Ello construye un clima de mutuo respeto y fluidez de conversación.

Cuando se formulan preguntas es necesario que nuestro interlocutor no perciba adónde queremos llegar con la información que nos proporciona con su respuesta. A ninguna persona le interesa quedar en evidencia con la respuesta que da; a ningún político le gusta caer en la trampa, así como a ningún cliente le interesa sentir que un vendedor le vende, él quiere sentir que compra. A la persona entrevistada por un reportero le gusta sentir que está tomando la decisión y que está en control, y no que lo están llevando adonde el reportero quiere. Eso se realiza en forma inteligente y sutil, incapaz de ser percibido, creando en pocos segundos un ambiente de cordialidad y confianza.

Por ejemplo, si alguien por el contrario en tu trabajo te pregunta: "¿Tienes prisa? ¿Pasas por esta calle? ¿Trajiste tu auto? ¿Ya te vas o te demorarás en salir?", el que escucha se incomodará y responderá: "¿Qué te pasa? ¿Por qué me haces tantas preguntas?". Y él responderá: "¡Lo que pasa es que no traje mi auto y quiero que me lleves!". Entonces dilo directamente y no evadas el tema central. Por ello un buen entrevistador percibe cuándo decir y cuándo preguntar estratégicamente.

En los años 2000 se afirmaba que el mejor periodista de México era José Gutiérrez Vivó, quien tenía la habilidad magistral de hallar lo que escondía un entrevistado. Tenía el talento de un gran entrevistador que hipnotizaba a su audiencia con sus entrevistas sin igual. También hoy Martha Debayle, empresaria, presentadora y locutora, es considerada una extraordinaria entrevistadora con un estilo práctico, agradable y ameno que logra captar y atraer la atención de millones de seguidores y radioescuchas, que la han seguido por más de diez años. Considerada una de las diez empresarias más exitosas por la revista *Gatopardo*, una de las diez locutoras más influyentes, y guapas del país. Endeavor la consideró la mejor emprendedora del país. Sin duda su magnetismo y capacidad e inteligencia de hacer preguntas es extraordinaria y cautivadora. Con el programa de más raiting de la radio mexicana. Te aconsejo que sigas su programa y aprendas de su modelo de hacer preguntas que sorprende a la audiencia.

Primero escucha, luego pregunta

En un artículo de la *Harvard Business Review* se citaron los puntos que aplican los ejecutivos destacados del mundo de los negocios en sus reuniones. Estos líderes, decía el artículo, se caracterizan por cuestionar lo que está sucediendo. Son buenos comunicadores, manejan juntas efectivas, se preocupan por lo que piensan los demás y recurren a un principio fundamental: Primero escuchar y luego preguntar.

Ser un buen escucha es fundamental para obtener lo mejor de cada pregunta que formulas. Por ello, saber escuchar es la otra cara de la moneda del arte de hacer preguntas.

> **"Lo más importante en el proceso de la comunicación es escuchar lo que hay detrás de lo que se dijo."**
>
> Peter Drucker

Los buenos entrevistadores, llámense ejecutivos, médicos, abogados, reporteros, negociadores profesionales o líderes que dominan el arte de hacer preguntas, también son buenos para escuchar. Los negociadores profesionales jamás se precipitan, quieren primero la mayor cantidad de información posible. Existe una relación directa entre la efectividad de sus preguntas y su capacidad de escuchar, ya que el propósito de una pregunta es obtener información. Estos profesionales de los negocios han aprendido a involucrarse profundamente y a no fallar en la interpretación. Si eres muy ansioso, caerás en la trampa de ofrecer soluciones anticipadas sin validar y tendrás una alta posibilidad de que te equivoques. La ansiedad por concluir es tan evidente que creerás haber escuchado lo suficiente para dar una respuesta anticipada, que frecuentemente no es la correcta porque no está validada, y quedarás entrampado en un problema que nunca quisiste crear, pero te precipitaste. Mientras tú estés presente y te den tiempo, no te precipites, sólo enfócate en comprender.

Si deseas ser un experto entrevistador o negociador y quieres tener más éxito en tu profesión, necesitarás tener información real y no caer en la trampa de los supuestos de corto plazo. En una entrevista de ventas, por ejemplo, a ningún cliente le interesa el punto de vista de un vendedor si la información que el vendedor ofrece no está relacionada con su necesidad o con su problema real. Nadie quiere que un médico recete si no diagnosticó con detenimiento al paciente a través de preguntas. El cliente quiere ser escuchado y para ello hay que saber preguntar, con el fin de ir descubriendo capa tras capa el verdadero problema.

Confirma: lo que importa es que sepas, no que creas

Los grandes líderes, los buenos entrevistadores, los negociadores exitosos, así como los buenos reporteros y líderes políticos, tienen una capacidad natural para analizar la información que tienen en mano. Los grandes estadistas del mundo siempre han demostrado ser buscadores insaciables de información a través de varias fuentes. Martin Luther

King, Nelson Mandela, John F. Kennedy, Jimmy Carter (considerado un gran negociador y entrevistador de dignatarios del mundo), todos ellos poseían un equipo de investigación que les proporcionaba información para poder interpretarla con base en hechos, y no en supuestos. En el mundo de las preguntas inteligentes, confirmar la información es la clave del éxito. Es necesario estar lo más cerca posible de la certidumbre que te permita hacer las preguntas indicadas y no divagar.

Confirmar la información es el sustento del éxito para que partamos de realidades y no de supuestos. Un capitán de un avión Boeing 747 tiene más de 130 puntos de verificación antes de salir a la pista. Aunque el avión haya acabado de aterrizar, un buen capitán no dejaría de confirmar nuevamente que los 130 puntos se encuentran funcionando. Si tuviéramos estos hábitos de verificación en nuestros diálogos, seríamos muy exitosos haciendo preguntas de confirmación de la información que acabamos de escuchar e inclusive de la que tenemos a priori. En el mundo de los negocios piensa mal y triunfarás. Si piensas que puede haber un error o una mala interpretación, tu inteligencia te llevará a protegerte y de inmediato buscarás confirmar lo que comprendes y con ello validarás si tu interpretación es correcta o no y triunfas.

Preguntas de confirmación

Los malos negociadores se quedan con su interpretación de lo que la otra persona dijo o quiso decir, no llegan a cuestionar la respuesta, evitan estar dando la sensación de que no comprendieron, pero en el fondo es un error que te puede costar muy caro.

En el mundo de los negocios tú no debes creer, ¡debes saber!, y para lograrlo tienes que hacer preguntas de confirmación. Un médico no debe quedarse en el nivel de interpretación. El piloto de un Jumbo 747 que va a cruzar el Atlántico no cree, ¡sabe! Un empresario cuando va a hacer un negocio debe saber, no sólo creer. Recuerda que lo que dice una persona no necesariamente es lo que piensa, ni lo que dice representa con exactitud su intención en una conversación. ¡Acostúmbrate a verificar una y otra vez! Y serás muy exitoso.

El problema de muchos profesionales y padres de familia es que en cuanto creen que entienden, caen en la respuesta prematura. La contraparte dirá: "Eso no es lo que dije, ¡estás interpretando mal el tema! ¡No es así!". Yo siempre digo que si los ratones confirmaran por qué está el queso ahí nunca serían presa de una trampa para ratones, porque descubrirían en qué contexto se encuentra el delicioso queso que están viendo y más aún el peligro que corren si intentan comérselo. Acostúmbrate a confirmar y difícilmente caerás presa de interpretaciones que pueden ser una trampa.

Después de formular preguntas que hagan pensar a las personas, confirma la información que tienes o la interpretación que te has hecho y verás el fondo del tema. Los siguientes son ejemplos de este tipo de preguntas:

- ¿Qué quiso decir con esa aseveración?
- Descríbame más su posición.
- ¿Qué significa cuando me dice que debe analizar el tema?
- Si comprendo bien, ¿usted dice que está de acuerdo con lo pactado?
- ¿En qué está pensando al hacer esa propuesta?
- ¿Está buscando algo específico con esa postura?
- ¿Cuál es su idea de fondo? Veamos los detalles de su opinión.
- ¿Me puede dar un poco más de información?
- ¿Quiere decir que nuestra propuesta le interesa?
- Explíqueme un poco más el tema del presupuesto.

Todo este tipo de preguntas te permitirá verificar o confirmar la información que estás escuchando. Podrás validar y acercarte, con ello validarás y te acercarás a la solución.

- ¿Qué elementos influyen en el problema que me plantea?
- ¿Podemos comenzar a trabajar con mi producto?
- ¿Entonces, si comprendí correctamente, usted no está de acuerdo?
- Profundicemos un poco más en ese punto. ¿Cuál es su idea de fondo?

Para convencer usa el lenguaje de la contraparte

El principio en el que se sustenta el convencer a otra persona es que te dejes influir primero tú por la opinión del otro. Ábrete al diálogo, escucha, abre tu mente; escucha con la intención de comprender, si lo aplicas de esa manera, estarás alerta a lo que escuchas. Si escuchas y comprendes ya tienes la fortaleza de un argumento que te fue proporcionado por la otra persona. Al comprender estarás listo para presentar tu propuesta y convencerla con la información que la otra persona te proporcionó. Usa la información que te acaba de dar como tu proceso de convicción. Como la información provino de ella, no te la negará o rechazará. Estarás construyendo tu propuesta con el lenguaje de la persona que has tenido enfrente todo el tiempo. Usa sus mismos recursos y estructura de pensamiento, su lenguaje y sus argumentos para convencerla, con ideas en las que ella misma cree. Es un método de bumerán muy efectivo y poderoso.

La gente cree en lo que ella dice, no en lo que tú dices. Por lo tanto, haz que la otra persona lo diga y con su respuesta podrás posteriormente reforzar tu punto.

Responde diciendo: "Estoy de acuerdo con lo que acabas de decir…" o "como muy bien dijiste creo…" y de inmediato prosigue con tu punto de vista, ya que le estás dando fuerza a tu comentario con su opinión para que acepte tu punto y él se escuche a sí mismo a través de tu diálogo. Para dar tu punto de vista debes iniciar con el punto de vista del otro. Ese método no falla, la mente de la otra persona se abre al escuchar su punto dicho por ti.

Los grandes entrevistadores "coleccionan" las preguntas que les han dado resultados. Saben en qué

Consejo de los expertos: cuando sepas algo nunca lo digas, ¡transfórmalo en pregunta!

momento asestarlas y el nivel de impacto que tienen en la otra persona. Algunas preguntas que van al corazón de los temas las debes guardar para momentos clave y el resto son para crear ambiente para asestar una pregunta que ponga en jaque a la otra persona y la comprometa al dar la respuesta. Te aconsejo que "nunca hagas una pregunta comprometedora al inicio de una entrevista", déjala para más adelante ya que tengas argumentos, de lo contrario pondrás a la defensiva a la persona y no contestará ninguna otra pregunta que realices luego.

En vez de decir	Mejor pregunta
¡Sé que ya han tomado la decisión!	Si tuvieran que decidir, ¿qué acción tomarían el día de hoy?
¡Necesito saber cuán interesado estás en mi propuesta!	¿Qué opinas de la propuesta que te envié, qué posibilidades le ves?
¡Quisiera saber a qué aspiras con nuestra relación de pareja!	¿Cómo ves nuestra relación de aquí a un año? ¿Qué planes tienes para nuestra relación?
¡Necesito saber su nivel de compromiso!	¿Si resuelvo los puntos que me presenta, podemos hacer negocio?
Tengo urgencia de resolver el problema en cinco días.	¿De cuánto tiempo disponen para esta decisión?

Desarrolla entonces el hábito de la conexión usando las palabras de la otra persona y tu mundo cambiará para siempre; tus decisiones y tu modelo para resolver problemas será de un nivel que

En el futuro todo lo que sepas de la otra persona o del tema transfórmalo en preguntas y comenzarás a saborear el éxito de tus entrevistas.

nunca antes habías tenido en tus manos. Tu capacidad profesional para negociar, persuadir, convencer y descubrir la intencionalidad de los demás te será más fácil cada día.

Pregúntate a ti mismo

Ya es hora de que te conozcas a ti mismo como entrevistador y con las siguientes preguntas entrevístate a ti mismo:

- ¿Tengo la costumbre de confirmar todo lo que escucho para validar lo que entendí o suelo precipitarme en la respuesta?
- ¿Qué entrevista puedo recordar en la que me quedé con mi interpretación y fallé?
- ¿Hago conexión fácilmente con las personas y su intención?
- ¿Los clientes se interesan con mis preguntas o de inmediato se dan cuenta de que les estoy sacando información y se desvían del tema?
- ¿Hago entrevistas donde muchos de los entrevistados se me cierran al hacerles una pregunta y luego digo: "Es que no quiso responder, se cerró"?
- ¿Soy bueno para escuchar?
- ¿Uso los argumentos de los demás como el recurso para convencerlos?
- ¿Inicio muchas de mis frases utilizando las palabras que mencionó la contraparte?

Conclusión

¿De qué me doy cuenta al hacerme las preguntas anteriores?

Los mejores entrevistadores tienen mente estratégica

Quienes dominan el arte de hacer preguntas saben que cuando se trata de problemas complejos deben separar los problemas en sus partes, no pueden atenderlos como un todo, ya que pueden interpretar erróneamente la situación. De esto se trata la mente estratégica: dividir el problema en partes e ir cubriendo una a una para encontrar un sentido de causa y efecto entre ellas. Es como ir siguiendo migajas de pan que nos guiarán hasta donde se encuentre el cesto de pan. Las respuestas nos llevan poco a poco a resolver puntos intermedios para llegar finalmente a la solución final. Cuando el problema tiene diversos ángulos debe verse en el contexto de sus partes. Como dice el refrán: "Si quieres matar un gorila, tendrás que dividirlo en varios chimpancés".

Por ejemplo, un médico preguntaría: "Si tiene esos síntomas, dígame ¿cuándo comenzaron? ¿Surgen en algún momento específico del día? ¿Es un dolor profundo o superficial? ¿Si aprieto esta parte continúa el problema? ¿Ha cambiado su apetito? ¿Qué otros síntomas ha experimentado?". La síntesis de las respuestas a estas preguntas te dará una visión sistémica e interdependiente de la información que disponemos del problema, ya que indaga la relación causa-efecto de la información que obtuvimos del paciente. Son las pequeñas miguitas de pan que te guían por el camino hacia donde está el verdadero problema, y donde ambas partes finalmente podrán llegar a un acuerdo.

Tú recordarás que el 11 de abril de 1970, el programa espacial de Estados Unidos lanzó la famosa cápsula Apolo 13, que era la séptima misión tripulada a la luna. En esa misión explotó un tanque de oxígeno y los tripulantes comenzaron a tener problemas para descontaminar el aire que respiraban dentro de la cápsula. La famosa frase: *Houston, we have a problem*, inició todo el proceso para que el equipo de técnicos resolvieran en tierra la situación. La pregunta era ¿cómo filtraban el oxígeno? Para ello crearon una especie de filtro, de forma

> **Cuando incorporas el hábito de hacer buenas preguntas, no sólo logras identificar la causa de los problemas, sino también te permite tener una visión estratégica de las distintas partes del problema e identificar las posibles soluciones.**

cuadrada, que era de lo que disponían en ese momento, pero tenían que colocarlo en el espacio original del filtro, que era redondo. El equipo tuvo que hacerse cientos de preguntas para llegar a una solución. Dado que no era simple filtrar tanto aire contaminado de tres personas en una cápsula tan pequeña, las respuestas no resolvían el problema. Debían resolverlo con los recursos que disponían dentro de la cápsula en el espacio. Finalmente todas sus preguntas los fueron acercando progresivamente hasta encontrar una solución que salvó la vida de la tripulación.

Si no sabes preguntar, serás dominado por el entrevistado

A los reporteros que no saben armar sus entrevistas, sus entrevistados les responden con rapidez o vaguedades haciéndolos como ellos quieren. Hace unos días vi a un reportero que le preguntaba a un diputado: "Vimos que se estaba durmiendo en el informe del presidente. ¿No le gustó el informe?". Es tan elemental esta pregunta que ningún político con un poco de inteligencia la contestaría honestamente. La respuesta a tan ingenua pregunta fue contundente: "No estaba durmiendo, sólo contestaba mis mensajes del teléfono".

> **En el futuro deberás incorporar en tu mente la forma estratégica de ver el todo en sus partes para encontrar interconexión entre ellas y resolver el problema.**

Una pregunta inteligente podría haber sido formulada de la siguiente manera: "¿Cuál es su opinión acerca de las acciones para contrarrestar el 3.2% de la inflación al que se refirió el presidente?". (Tú sabes que ¡ése fue el momento preciso en el que se estaba durmiendo el señor diputado!) Ahí sí tendrá que pensar la respuesta, porque no sabe de dónde vino el dato, es una sorpresa (estaba en su siesta).

Muchos entrevistados responden agresivamente cuando son interrogados de manera ingenua. Por ejemplo, cuando un líder formula muchas preguntas genéricas puede estar dando la sensación de que ignora la situación que está sucediendo (en lugar de lucir inteligente e influir en su gente) y quiere que su equipo de trabajo le resuelva sus problemas. Líder: "Señores, ¿por qué han caído las ventas en este trimestre? ¿Qué ocurre con ustedes? ¿Qué sucede con los clientes? ¿Alguien sabe qué pasa con el mercado?". Sin duda formula estas preguntas porque no tiene la información, ni la menor idea, y cuando comienza el ataque directo con preguntas como: "¿Cómo van a contrarrestar la caída de las ventas? ¿Cómo van a resolver esta situación? ¿Alguien me puede decir por qué nada les sale bien?", su actitud parece que los está culpando y pidiendo una solución sin analizar con ellos las causas y las acciones correctivas posibles. En el fondo su gente podría decir: "Dime tú, que eres el que nos diriges. Tú eres el jefe".

La comunicación unidireccional ya no es una buena opción en este nuevo mundo donde todos los empleados están bien informados (más aún si son jóvenes). Ya no es fácil, hoy en día, convencer a un empleado que tiene el mismo nivel de información que su jefe o más que él. Influir a un colaborador joven, inteligente y preparado, sin aplicar buenas preguntas reflexivas, es una labor compleja. Los vendedores de la vieja escuela antes llegaban con un cliente a informarlo. Hoy, cuando llega el vendedor, el cliente ya está informado de antemano, gracias a Internet. Los padres con sus hijos, por ejemplo, se enfrentan a una generación más informada. Es la primera vez en la historia de la humanidad que la siguiente generación tiene más información que la anterior.

Jamás había existido esta situación en el mundo. En mi época, cuando mi abuelo hablaba, todos los nietos callábamos porque era el que más sabía y el que tenía más experiencia. Hoy, los padres no pueden convencer a sus hijos con un sermón convencional; si no lo hacen a través de un diálogo compartido, sin duda será una batalla perdida.

Las preguntas que salvaron a mi primo Vitorio Brunatty

Yo nací en Uruguay, un país formado por inmigrantes europeos después de la Segunda Guerra Mundial. Mi familia vino de Italia en busca de un lugar más seguro para vivir e hizo su vida en las hermosas playas de Montevideo, Uruguay. Cuando yo tenía 14 años, vino de Italia a vivir a nuestra casa un primo hermano de mi padre, Vitorio Brunatty, a quien quisimos mucho y admiramos más aún porque había peleado y sufrido en la guerra contra Mussolini. Era un tipo alto que hablaba con firmeza. Aunque aún era joven (tenía 33 años de edad), nunca hablaba de la guerra; pero una noche, mientras cenábamos, comenzó a contar cómo había sido tomado prisionero y llevado a un campo de concentración.

Estos campos de concentración en Italia eran supervisados por el ejército nazi, que tenía mucha experiencia en ello. Cuando lo ingresaron a ese lugar y vio la humillación con que eran tratados todos ahí, dijo: "Éste es mi fin". Creyó que allí había acabado su corta vida. En aquel entonces tenía 18 años de edad. Pensó: "Si me quedo aquí mucho tiempo, moriré." Al cabo de un mes comenzó a sopesar la posibilidad de escapar. "Llegó un momento —dijo— que finalmente dejé de lamentarme por mi triste situación y comencé a preguntarme: ¿Qué puedo hacer? ¿Cómo encontraré la forma de salir de aquí? ¿Qué oportunidades tengo? A partir de ese momento —dijo— mi mente cambió y comencé a pensar en la solución en lugar del problema que vivía. Entonces surgieron como por arte de magia todas las preguntas que podía hacerme para identificar las deficiencias de la seguridad del campo. Al concentrarme en la solución, me levantaba todas las mañanas pero sin lamentarme. Ya no me importaba el dolor. Mi cabeza estaba ocupada haciéndose muchas preguntas para la búsqueda de la salida y había dejado de lado la desgracia cotidiana. Por el contrario, ésta me estimulaba a encontrar aún más sus deficiencias. Al enfocarme en la solución, me concentraba en cosas diferentes y me hacía cientos de preguntas todo el día".

En esa búsqueda se topó con otros dos prisioneros italianos que tenían la misma inquietud. Con la información que recabaron mes tras mes, tomaron la decisión de escapar. Consiguieron una pinza para cortar la alambrada. Calcularon los tiempos de las rondas de los vigías y escaparon. No bien corrieron por la oscuridad del campo, las sirenas y los reflectores se encendieron y las metralletas comenzaron a repiquetear, pero el bosque los ayudó a evadirse con éxito. Esa experiencia de mi tío Vitorio me enseñó que cuando la mente cambia del enfoque en el problema al enfoque en la solución, las preguntas pueden salvar tu vida y cambiar tu destino para siempre.

> **En suma, si quieres cambiar tus preguntas debes cambiar tu enfoque del problema a resolver.**

Vitorio nunca se hubiera formulado tantas preguntas si no hubiese cambiado el dolor por la esperanza de libertad. Por eso también estoy convencido de que el cuestionamiento permite cambiar el punto de vista de las cosas, aunque el problema persista. La realidad que vivía Vitorio en el campo de concentración no había cambiado, pero sí lo hizo su manera de enfrentar la realidad: su mente sí había cambiado. Espero que tú también cambies tu mente con este libro y el método que te presentaré.

Eso es lo que espero que logres al terminar de leer este libro. Que superes tus problemas enfocándote en las soluciones y formulándote muchas preguntas para tomar un nuevo rumbo en el mundo del arte de hacer preguntas para lograr el éxito más elevado en tu vida personal y de negocios. La actitud de las personas cambia cuando pasa del dolor al placer. Recuerda que la forma de ver el problema es el problema y que las preguntas son el recurso para cambiar los resultados de tu vida para siempre.

CONSEJOS

- Si haces pocas preguntas, identifica cuál es la razón de que así sea: quizá sea parte de tu personalidad, tienes una creencia limitante al respecto o bien careces de una metodología.
- Para adquirir la habilidad de hacer preguntas inteligentes, comienza con tu familia y tus amigos.
- Analiza si tiendes a hacer preguntas o tratas de imponer tus puntos de vista. Puedes pedir la opinión de tus amigos.
- Reflexiona en aquellas preguntas que nunca te has hecho acerca de tu carrera profesional y que crees que deberías hacerte en esta etapa de tu vida. Coméntalas con un amigo o con un ser querido.
- Piensa en aquellas preguntas que nunca has formulado a tu pareja y a tus hijos y que crees que deberías hacerles.
- Identifica si las personas se dan cuenta de que los estás cuestionando y no tienes la habilidad de que sean imperceptibles.

TAREAS

- Ejercita durante diez minutos una conversación en la que sólo tú hagas preguntas para encontrar la solución a un problema. No respondas, sólo pregunta.
- Durante una semana, intenta aplicar con tus hijos la técnica de preguntar en lugar de afirmar u ordenar. Observa tus reacciones.

- En las próximas entrevistas con tus clientes, anota las preguntas que formulaste mejor para volver a aplicarlas.
- Si eres reportero, ejercita estas técnicas y elevarás el nivel de tus conversaciones.
- Si eres político o negociador, aprende a indagar con estas preguntas inteligentes y encontrarás con más facilidad la solución a problemas complejos.
- Si eres empresario, analiza cuán bueno eres para obtener información para definir una estrategia para tu negocio.

CAPÍTULO 3

¿SOY REACTIVO O PROACTIVO EN MIS ENTREVISTAS Y NEGOCIACIONES?

EN ESTE CAPÍTULO

- Identificarás las consecuencias de ser una persona reactiva en las conversaciones.
- Conocerás cómo actúan las personas proactivas y los resultados que obtienen en sus negociaciones y en su vida.
- Podrás disminuir tu reactividad en las conversaciones con tus hijos, tu pareja, tu equipo de trabajo o tus clientes.
- Conocerás qué detona tu reactividad ante los demás y las consecuencias que eso te trae.
- Te evaluarás a ti mismo para conocer quién eres como entrevistador.
- Conocerás por qué los reactivos pierden y los proactivos ganan en la vida.

Mi estilo personal en las juntas y en las entrevistas

Para aprender cómo formular preguntas inteligentes es necesario también que conozcas tu perfil como entrevistador, ya que tu personalidad desempeña un papel fundamental en la forma que estructuras tu diálogo. Estudiosos de la conducta humana coinciden en que en el ser humano existen conductas prehumanas que responden a nuestro instinto básico de sobrevivencia. Los especialistas aseguran que estas conductas se encuentran almacenadas en un área de nuestro cerebro llamada cerebro reptiliano. Esta área se forma en nuestro primer mes de gestación. Se trata de una prolongación de la médula espinal responsable de los actos reflejos y rige nuestros instintos básicos, que nos provee de reacciones ante el peligro o nos pone alertas ante situaciones de amenaza. El ser humano conserva instintos desde la época de las cavernas que le permiten no sólo resguardarse de los peligros que lo acosan, sino también de la forma en la que se relacionan con otras personas. Estas reacciones surgen de nuestro instinto de conservación, sin el cual no hubiésemos podido existir hasta nuestros días. En situaciones límite, tanto el hombre como los animales han desarrollado destrezas que les permiten mantenerse a salvo y vencer riesgos. Indudablemente, el apego a la vida es un instinto superior que tenemos.

Si observas el comportamiento de cualquier animal, identificarás que éste posee dos conductas básicas ante las amenazas, instintivamente ataca o huye.

Muchas de nuestras conductas son producto de nuestro instinto de conservación. El ser humano es un animal, ¡aunque no un animal cualquiera! Incluso es probable que su cultura, sus ideales y convicciones le indiquen que es preferible morir heroicamente antes que salir corriendo. En suma, nuestra cultura nos permite alejarnos de la animalidad; aunque no hay duda de que ésta existe en nosotros y podemos regularla. Decía Jorge Luis Borges: "Sometido a sus instintos pre humanos, el hombre puede llegar a perder la libertad". Se pierde la libertad de elección, la cual es una característica que nos distingue de todas las especies.

Estas conductas ante el medio ambiente se denominan *reactivas* y *proactivas*.

Ejercicio

Define tu conducta dominante

Señala con una *x* las conductas que más te representan. La calificación más alta definirá tu tendencia proactiva o reactiva.

Reactivo	Proactivo
__ Tiendo a hacer juicios	__ Sé entender a los demás
__ Tiendo a buscar a los culpables	__ Acepto mi responsabilidad personal
__ Tiendo a dominar las conversaciones	__ Acepto que no sé y escucho
__ Tiendo a decir	__ Tiendo a actuar
__ Soy inflexible y rígido	__ Soy adaptable e introspectivo
__ Soy individualista	__ Soy empático
__ Tiendo a imponer mi razón	__ Tiendo a aceptar opiniones
__ Juego a ganar-perder	__ Juego a ganar-ganar
__ Perder me irrita mucho	__ Tiendo a ser realista
__ Soy emocional	__ Soy lógico y racional
__ Tiendo a atacar cuando me hacen enojar	__ Tiendo a ser una persona reflexiva
__ Soy una persona de pocas palabras	__ Tiendo a considerar múltiples opciones
__ Tiendo a escuchar poco	__ Me gusta escuchar para comprender
__ Trato de imponer mi opinión	__ Trato de conocer varias propuestas
__ Intento controlar la conversación	__ Intento dirigir la conversación
__ Me gustan las soluciones rápidas	__ Me gustan las soluciones reflexivas
__ Soy duro de carácter	__ Soy diplomático y escucho
__ Tiendo a crear estrés en las personas	__ Soy bueno conciliando las partes
__ Tiendo a ser dominante	__ Tengo calma en los conflictos
TOTAL: _____	TOTAL: _____

Suma las marcas que hiciste en cada columna. La mayor calificación corresponde a tu conducta dominante. Estas conductas pueden variar si te encuentras ante situaciones de crisis o de incertidumbre. Te aconsejo que proporciones esta lista a seis personas que te conozcan bien para que realicen la evaluación de ti. De esta manera podrás confirmar tu percepción personal.

Reactividad y proactividad

La reactividad es el impulso instintivo que induce a atacar o huir, con el único propósito de defendernos a como dé lugar.

La proactividad, por el contrario, es la conducta que permite discernir la situación y decidir cómo resolverla, independientemente de la condición de la situación.

Durante una entrevista surgen todo tipo de incertidumbres. Todo el tiempo estamos decidiendo si atacamos o nos mantenemos en calma. La tendencia natural que tengas, reactiva o proactiva, definirá tu estilo como negociador. También condicionará el tipo de preguntas que formularás.

Las conductas reactivas tienen dos formas de expresarse, éstas son: a través del ataque o la huida.

Las conductas proactivas también tienen dos formas de expresarse: en forma lógica o preventiva.

SI ERES REACTIVO

El ataque

Si eres reactivo y tiendes a atacar, serás impulsivo ante las conductas amenazantes de la contraparte. Por instinto, el reactivo se define a sí mismo como una persona que tiene la necesidad de defenderse.

La reactividad es la característica de las personas que creen que cuando surge un problema el otro es siempre el que lo causa. Con frecuencia preguntan: "¿Quién fue?, ¿quién es el culpable?, ¿quién hizo tal cosa?". Atacan en busca de un responsable de lo que ocurre. También tienden a juzgar a las personas, y se preguntan: "¿Cómo es posible que no pueda decidir ahora?, ¿no le parece ilógico haber hecho tal cosa?, ¿no crees que debiste haber dicho algo más apropiado?" Las personas reactivas tienen poco autocontrol sobre sus impulsos. Se exaltan con facilidad.

Sus conductas se ven alteradas por las circunstancias. No bien algo sucede, sienten la necesidad de defenderse. Estas personas tienden a reaccionar de inmediato, aunque luego tengan que enfrentar las consecuencias de su reactividad. Las personas reactivas se preguntan a sí mismos: "¿Qué le pasa a esa persona?". Y de inmediato atacan.

No son habilidosos para manejar conflictos. Por el contrario, los escalan. Son como gasolina para el fuego. Cuando optan por alguna forma de ataque, la adrenalina se les dispara y se les dificulta tomar decisiones mesuradas o racionales, se desconectan y deciden instintivamente atacar o huir. Cuando finalizan una entrevista se sienten exhaustos de tanto estrés. ¿Has notado que algunas personas ante el estrés transpiran o les sudan las manos? Es la adrenalina que los pone en alerta, y gastan más energía que otros.

Muchos entrevistadores reactivos confiesan que cuando descargan sus emociones en una conversación se sienten aliviadas, pues se han quitado un peso de encima. Sus preguntas tienden a ser directas, con poca empatía. Desean tener el control de la situación y quizás hablar todo el tiempo sin dar espacio al diálogo. Quieren confrontar porque ello les da una sensación de seguridad.

Por ejemplo, imagina esta situación: Alguien maneja tranquilamente su auto y otro carro que iba a su lado le da un cerrón. Seguramente has visto alguna vez la reacción de personas que lo persiguen para reclamar o cerrársele del mismo modo que aquél lo hizo antes. Si le preguntas: "¿Quién es la persona que te dio el cerrón?", dirá: "¡No sé!". "¿Por qué se te cerró?", contestará: "¡No sé!". Ni siquiera lo conoce ni ha hablado con él, pero el otro logró alterarlo sin siquiera conocerlo. Sólo fue su conducta la que lo hizo irritar. ¿No te parece un poco irracional y muy emotivo que alguien con quien no has tenido diálogo, te altere de esa manera?

Hace algunos años tuve una experiencia que aún recuerdo hoy cuando me descubrí actuando de manera reactiva. En aquella época yo vivía en un departamento, en el noveno piso. Una mañana me levanté para tomar un baño, abrí la llave del agua caliente y sólo salió fría. Me dije: "¡Cómo es posible!". Me molesté. Llamé al portero y le pregunté qué pasaba. Él tranquilamente me dijo que el calentador estaba apagado. Esperé un rato, pero el agua continuaba fría y yo me ponía cada vez más molesto porque tenía que asistir a una junta ese día. Se me acababa el tiempo, hasta que me enfurecí. No obstante, el agua continuaba fría. Ese día salí sin bañarme y enfurecido a trabajar. Luego me pregunté: "¿Por qué me enojé tanto?, ¿qué me hizo enojar?". Sin duda ¡el agua fría! ¿Tiene tanto poder sobre mí el agua que me pudo hacer enojar de esa manera? No hay duda de que los acontecimientos del medio activan las emociones de los reactivos. Lo que sucede fuera de él tiende a controlarlos emocionalmente. Cuando recuerdo esta anécdota me sonrío de lo absurdo de aquella conducta ante la inmutable agua fría ante la que nada podía hacer.

Toma conciencia, si tú eres una persona que reacciona de manera semejante, que se enfada y levanta la voz con facilidad o golpea puertas para demostrar su enojo y sube el tono de voz para imponer su opinión, quiere decir que las circunstancias te dominan.

> **"No levantes la voz, mejora tus argumentos."**
>
> Desmond Tutu, Premio Nobel de la Paz, 1984

El reactivo también huye

Ante amenazas, discusiones y conflictos, a diferencia de las personas reactivas que atacan todo el tiempo, las personas reactivas pueden actuar encerrándose en sí mismas para protegerse del conflicto que está surgiendo en una conversación. La actitud de huida se puede presentar de varias formas: con el silencio, con la evasión, cambiando el tema o con una actitud pasiva y agresiva, es decir, se quedan sin hablar pero resentidos, con cara de póker.

En el matrimonio, por ejemplo, cuando la pareja opta por el silencio, puede pasar varios días sin dialogar, evitando la confrontación. Muchos expresan: "¡Mejor no hablemos de ese tema porque ya sabes cómo me pongo!", significa entonces que deciden resolver el problema por evitación. Ambos optan por la no confrontación y por la coexistencia pacífica, en el fondo muy agresiva y que no contribuye a la solución del conflicto.

Cuando el individuo reactivo ataca, se calla o posterga el compromiso, evadiendo el tema; en el fondo justifica estas formas de agresión emocional argumentando que la otra persona es la causante. ¡Es necio!, ¡es terco!, ¡es un pedante!

Te aconsejo que en el futuro observes tus conductas de silencio, evasión y pasividad, elabores una lista de ellas y les asignes una solución con total calma para que puedas controlar la repetición de esa conducta en las entrevistas, juntas de trabajo o diálogos con otras personas. Debes aprender a dominar el "animal" interno que te incita a atacar o huir psicológicamente ante situaciones de conflicto o peligro durante las entrevistas o negociaciones.

La subordinación de las personas reactivas

Los individuos reactivos, como dijimos, no sólo son dependientes de la conducta de los demás, como vimos en los ejemplos anteriores, sino que asumen, sin darse cuenta, una postura de subordinación ante los conflictos.

Actúan desde un nivel inferior de madurez y a partir de una concepción egocéntrica del asunto se quieren sentir superiores. ¿Has notado que muchas personas reactivas también actúan con arrogancia?

Al no saber cómo actuar ante la situación, se sienten víctimas y atacan con sentido de autosuficiencia. Esa actitud en una junta o una entrevista actúa en contra de ellos sin tomar conciencia.

La subordinación o la inferioridad de un individuo reactivo se observa cuando le preguntamos: "¿Quién te hizo enojar?, ¿quién te hizo sentir ofendido?", y responde: "El otro, mi gente, mi jefe, mi esposa, mis hijos, mis clientes, mi entrenador, mi entrevistado". Según los reactivos, los demás tienden a hacerlo enojar y son culpables de sus reacciones. No logran tener control de su comportamiento. Es la otra persona la que lo domina a él y a sus emociones. Actúa desde un nivel inferior de conducta. Los demás lo hacen sentirse así, aunque por su agresividad parecería que él tiene el dominio de la situación.

> **Los reactivos parece que dirigen su vida desde el asiento del copiloto, juzgando en todo momento al chofer.**

El individuo reactivo asume inconscientemente un nivel inferior de conducta, ya que permite que los demás y las circunstancias controlen su ánimo y conductas. En consecuencia el entorno determina su estado de ánimo. Para contrarrestarlo, se defiende sin dar tregua para no sentirse menos, ya que su ego interpreta como un ataque o una ofensa cualquier oposición a su punto de vista, y se siente víctima y arremete. Su emotividad no le permite tener conciencia de su conducta de inferioridad y para neutralizarla responde con mayor agresividad. Dice: "¡No comprendo cómo esa persona no se da cuenta de lo que hace! ¡Uno debe defenderse! ¡No me voy a dejar!". Ése es el problema central de los individuos reactivos: en el fondo sienten que todo el mundo los ataca. Pero ya lo decía Mahatma Gandhi: "Nadie puede hacerte sentir débil sin tu consentimiento".

Pregúntate a ti mismo

Identifica qué conductas disparan tu reactividad, describe la situación; si puedes, mejor escríbelas:

- ¿Qué evento me pone muy molesto con frecuencia?
- ¿Qué actitudes de la gente provocan que explote?
- ¿En qué circunstancias me saca de quicio un entrevistado?
- ¿En qué situaciones opto por callarme o por huir mentalmente?
- ¿Qué siento cuando comienzo a enfurecerme?
- ¿Qué tipo de personas provocan que me salga de mis casillas?
- ¿En qué momento comienzo a evitar hablar acerca de un tema determinado?
- ¿Qué actitud de mi pareja me hace enfurecer?
- ¿Qué precio he pagado en mi vida por ser reactivo?
- Al analizar las preguntas anteriores, ¿qué aprendo?
- ¿Quién se comportaba de esa manera en mi casa: mi papá o mi mamá?
- ¿Qué cambios me comprometo a realizar en el futuro para controlar mis reacciones?

SI ERES PROACTIVO

Las personas proactivas, por el contrario, tienden a ser más ecuánimes y tienen la capacidad de elegir su comportamiento. Ante una situación difícil en una entrevista, se hacen responsables de la situación. Piensan y analizan, preguntándose internamente: "¿Qué sucede?, ¿por qué el entrevistado reacciona de esa manera?, ¿qué hice?, ¿qué dejé de hacer?, ¿qué no le gustó?". Durante un diálogo, cuando surge un problema, hacen preguntas como: "Veo que algo le preocupa, ¿podríamos hablar de eso?". "No lo veo convencido, ¿hay algo en mi propuesta que no le satisface?", "¿Qué es exactamente lo que lo hace dudar?", "¿Por qué te molestas cuando hablamos de ese tema?, ¿podríamos hablar de ello?"

Las personas proactivas no buscan el problema en la otra persona, sino en la situación misma del diálogo, lo cual les permite preguntarse internamente: "¿Qué debo cambiar de inmediato en mi entrevista? ¿Qué debo cambiar en mi junta para que la gente reaccione de manera distinta? ¿Qué debo hacer para que mi entrevistado se abra? ¿Cómo debo tratar esta situación con mi hijo?". (Un individuo reactivo haría todo lo contrario, diría: "¿Esta persona es tonta o se hace?, ¡Qué necio es!").

La proactividad es, por definición, la capacidad de tener la iniciativa de resolver, no sólo juzgar. Es la predisposición natural hacia la solución de los problemas. Nos ayuda a hacernos responsables de actuar ante la adversidad y ante los problemas que se nos presenten siendo autocríticos. Los individuos proactivos tienen la convicción de que la decisión para resolver el problema, encontrar soluciones o ayudar a la otra persona está en ellos mismos, no en los demás; *no* esperan que los problemas por sí *solos* tomen un buen camino. Sienten internamente que tienen la libertad de decidir y que pueden tomar el control de su vida, y no se atienen a que las circunstancias o las conductas de la otra persona alteren el orden. Están convencidos de que no tienen por qué ser controlados por las situaciones y alterarse sin control.

Viktor Frankl, autor del extraordinario libro *El hombre en busca de sentido* (quien por cierto también acuñó el término *proactividad*, al que hacemos referencia en este capítulo), describe su doloroso paso por los campos de concentración nazis, donde perdió a sus padres y a su hermana. Siendo un eminente neurólogo y psiquiatra austriaco, pudo observar el comportamiento de los seres humanos en condiciones extremas. Frankl descubrió en los campos de concentración que "al ser humano se le puede quitar todo en la vida, menos la libertad de decidir". En su libro afirma que en todo momento en el campo de concentración las personas tenían la oportunidad de elegir, aun en las peores condiciones a las que se puede exponer a un ser humano. Incluso decidir morir para evitar el continuo dolor era una elección.

Te aconsejo que leas con detalle este libro excepcional. Seguramente podrás aprender mucho de ti mismo en esta obra que ya es un referente de la psicología contemporánea. A Frankl se le considera el precursor de la logoterapia, un modelo terapéutico que ayuda a encontrar el sentido a la vida.

Las personas proactivas practican ese don natural que poseemos los seres humanos que es la elección de la conducta. La libertad de elegir es un atributo que nos permite decidir qué hacer y qué no hacer sin sentirnos culpables. Asumimos la responsabilidad de actuar de manera independiente. Es un derecho que nos proporciona nuestra condición humana.

La proactividad es una actitud que asumimos con pleno control de nuestras conductas para generar mejoras en nuestra conversación. En suma nos hacemos responsables de lo que está sucediendo y no buscamos culpar a otros o a las circunstancias. Esto se logra haciendo prevalecer la libertad de elegir nuestra conducta a pesar de la gravedad de las circunstancias. Por eso, la proactividad no consiste sólo en tomar la iniciativa, sino también en asumir la responsabilidad de hacer que las cosas sucedan. Ése es el verdadero objetivo de una buena entrevista. Podemos decir lo que queremos hacer y cómo queremos hacerlo, asumiendo la responsabilidad de nuestras acciones. Pueden pasar muchas cosas a tu alrededor, pero tú eres responsable de tu conducta ante los demás. Inclusive, decidir enojarte es una elección y no hay nada malo en ello.

Viktor Frankl estaba convencido de que "el ser humano es producto de sus decisiones más que de sus condiciones". Afirmaba que cuando un ser humano no cree en este derecho de decidir, le está cediendo su poder a la otra persona o a las circunstancias. Deja que las cosas lo controlen y dominen sus conductas. Frankl creía firmemente en el siguiente principio: "Si no actúas como piensas, terminarás pensando como actúas. Al final eres cualquier persona menos la persona que tú has anhelado ser, ya que te transformas en lo que sucede, no en lo que tú quieres ser". Esta conducta es fundamental para el manejo profesional de una entrevista y para mantener una dinámica comunicacional de alto nivel de madurez.

Pregúntate a ti mismo

- Cuando una persona actúa de manera agresiva, ¿puedo responder con calma?
- ¿Me molesta que otras personas sean reactivas conmigo o mantengo mi compostura?
- Ante situaciones de crisis, ¿puedo decidir con claridad sin perder el control?
- Aun ante situaciones de conflicto, ¿puedo mantener la calma?
- ¿Me considero una persona con la capacidad de conciliar intereses?
- ¿Cuando cometo un error suelo asumir la responsabilidad con madurez?
- ¿Me considero una persona proactiva?
- ¿De qué me doy cuenta al hacerme las preguntas anteriores?
- ¿Qué actitudes me comprometo cambiar a partir de hoy?

Si no resuelves el problema, tú eres el problema

Los entrevistadores con personalidad reactiva evalúan sus entrevistas como si ellos no fueran parte de lo que está sucediendo en la dinámica conversacional. Esto es, cuando las cosas se salen de su curso tienden a elaborar una descripción crítica de lo que ocurre:

- Mi equipo de trabajo no entiende lo que le digo.
- Mi entrevistado es obstinado y no se compromete.
- El cliente no quiere entender razones.
- Mi entrevistado es un malhumorado.
- Si hubiese demostrado más interés, me habría ido mejor.
- Es un agresivo, necio y terco.
- Mi hijo es muy rebelde y no me escucha.
- La vida no es tan buena conmigo.
- Hay poco que hacer con una persona como ella.
- Si no fuera por su obstinación.
- Si no fuera por mi mujer, yo sería un buen marido.
- Si no fuera por mi hijo, yo sería un mejor padre.

Si lo piensas detenidamente, describir lo que está sucediendo con el enfoque de las frases anteriores no tiene nada de malo. El problema de fondo es que las personas reactivas se sienten víctimas de lo que está ocurriendo, pues creen que el problema que enfrentan ha sido causado por otra persona o por las actitudes que tienen con ellas. Piensan que hasta que la otra persona o las condiciones no cambien, la entrevista no mejorará. Ésta no parece ser una posición muy lógica. Ni las circunstancias ni las personas van a cambiar en este mundo para que tú tengas éxito. Por el contrario, debes aprender a ser proactivo ante la adversidad, tomar tu espacio y salir victorioso.

Los individuos reactivos se alteran por las condiciones externas y se sienten afectados por el clima que impera durante una entrevista. El problema es que si el entorno es amable y sin contratiempos se sentirán felices; de lo contrario se sentirán agredidos o enfadados y atacarán o huirán. Por esa razón sus entrevistas tienen muchos altos y bajos, ya que serán exitosas si la contraparte es accesible, pero si ocurre lo contrario, detonará su reacción en cadena y podría perder el control de la entrevista.

Es muy ilusorio esperar que el mundo cambie para que tú te sientas feliz o mejore el resultado de la entrevista. Ni tus clientes o tus pacientes, ni tu equipo de trabajo van a cambiar para que tus reuniones sean exitosas; tus hijos adolescentes no van a modificar sus conductas para que tú te sientas un mejor padre; el mercado no va a cambiar para que tú vendas más; tus colaboradores no cambiarán para que tú seas un mejor líder. Encerrarte en tus juicios acerca de las personas y de las situaciones que enfrentas no te permitirá ver con objetividad lo que sucede.

Lo último que hacen los individuos reactivos cuando enfrentan un problema es concentrarse en el objetivo de una entrevista; por el contrario, se concentran en juzgar a la persona o en describir su reacción, lo cual los desvía del tema central: Qué, en definitiva, significa tener éxito en la negociación.

Con frecuencia hay entrevistadores con un gran ego que actúan como si tuvieran la razón, haciendo juicios superficiales de las conductas de sus entrevistados. Con esa actitud no pueden verse a sí mismos con objetividad. Pueden ver la paja en el ojo ajeno, pero no la viga en el propio. En el fondo, dicho comportamiento tiende a ser una justificación de su incapacidad para resolver el problema.

Un individuo reactivo responde por impulso. Si viviera en la época de los *cowboys* en Texas seguramente sería un vaquero que dispara a gran velocidad desde su cartuchera, sin sacar su pistola. También respondería a la velocidad de un karateca. No importa lo que esté sucediendo en la entrevista, siempre responde y justifica su conducta afirmando: "¿Cómo quieres que los trate?", "¡escucha lo que me dijo!", "¡me hace enojar!", "¡me molestó lo que dijo!", "¡es un manipulador!", "¡no me voy a dejar!", "¡no soy tonto!".

> **Para los reactivos el problema siempre estará en la acera de enfrente. Su instinto para evaluar las cosas les hace perder la objetividad y se transforman en una máquina de juicios.**

Un entrevistador reactivo se "engancha" con una respuesta agresiva y crea un problema mayor. No bien escucha, se conecta con su reactividad y actúa sobre su presa. Es dependiente de lo que dice la otra persona. Piensa: "¡Si me ataca, lo ataco!", "¡si me grita,

> **Cuando las emociones se disparan, las cosas pueden salir de la peor manera posible que te imagines, aunque tú creas que estás haciendo lo correcto.**

le grito!", "¡si me insulta, lo insulto!", "¿de qué otra forma puedo tratarlo?", "¡me está ofendiendo!", "¡me molesta!". Asume una actitud de víctima respecto de la otra persona y ataca.

Cuando el problema crees que está fuera de ti, pierdes el poder natural de resolverlo. La persona reactiva está involucrada emocionalmente en el problema y ella misma se transforma en el problema. El ego no le permite tener una visión distinta de la situación. Cuando tú crees que el problema está fuera de ti, precisamente esa creencia es la que te está creando el problema: si el problema está en manos del entrevistado o de la persona con la que estás negociando, le estás dando todo el peso de la responsabilidad a la otra persona y tú te quedas en el asiento del acompañante esperando que la otra persona haga algo distinto para que las cosas mejoren y tomen su curso.

Separa el problema de la persona

En una entrevista debes aprender a separar el problema de la persona. Ver las cosas con objetividad te permitirá separar las emociones del tema en cuestión. Pon el problema en el centro de la mesa e intenta resolverlo. En nuestros cursos de entrenamiento, cuando enseñamos a los participantes (ya sean ejecutivos, negociadores o políticos) el manejo de las emociones en sus entrevistas, les pedimos que para ese día traigan un abrigo. El propósito es enmarcar en la mente del participante las emociones, para lo cual les pedimos que se quiten sus abrigos antes de comenzar una ronda de negociaciones.

El abrigo representa metafóricamente las emociones que necesitan quitarse para poder concentrarse en el problema a resolver. Esa imagen les queda registrada para siempre. En el futuro, cuando tengan una entrevista de negocios, recordarán la imagen del abrigo y controlarán su mente. El objetivo de este ejercicio es dominar nuestro "animal" interno. Debes poner el problema en el centro de la mesa y no tomarlo de manera personal. Ve la entrevista objetivamente: ¡Si fueras torero, no te podrías enojar con el toro o terminarías muerto de una cornada! En las entrevistas ocurre exactamente lo mismo y pierdes la negociación.

CONSEJOS

- No tomes como algo personal un comentario durante la conversación, aun si se dirigen a ti de manera directa.
- Aprende a observar tu ego durante la entrevista.
- Asume la postura: "Ése es su punto de vista, yo tengo el mío".
- Escucha lo que te dice tu voz interna acerca de ti. Tu diálogo interno debe ser positivo.
- Aprende a tomar distancia para actuar con objetividad durante la entrevista.

TAREAS

- Escribe quién en tu familia ejerció conductas reactivas contigo y cómo te afectó ese hecho.
- Define paso a paso qué harás para que no se dispare tu conducta emocional.

- Revisa en qué entrevistas actuaste en forma de ataque, huida o evitación, o recurriste al silencio en respuesta a la agresividad e inflexibilidad de tu contraparte. Analiza el resultado que obtuviste de esa conducta.
- Define qué cambios personales realizarías para hacer madurar tus conversaciones familiares y de negocios.
- Anticipa tus conductas cuando te enfrentes a un negociador duro. Estúdialo.

CAPÍTULO 4

EL LENGUAJE
EN LAS ENTREVISTAS O NEGOCIACIONES

EN ESTE CAPÍTULO

- Comprenderás que el lenguaje te define como persona y es el fundamento de la interacción en juntas o entrevistas.
- Aprenderás técnicas para generar confianza en tu interlocutor durante el diálogo.
- Descubrirás que tu credibilidad depende de que actúes de forma íntegra y congruente.
- Sabrás identificar ciertos códigos en el lenguaje con el fin de comprender el contexto de la otra persona y guiar la conversación hacia el éxito.
- Sabrás si eres una persona que informa o persuade en sus entrevistas.
- Conocerás los principios para ser una persona persuasiva.

Uno de los medios que tiene la mente para comunicarse con el mundo exterior es el lenguaje, el cual como hemos visto en capítulos anteriores tiene un componente particular en cada individuo.

El lenguaje construye a las personas, las define, les da un perfil. Cualquier cosa que dices, en el fondo es una creación mental, y ésta precede a la creación física. Así lo dijo alguna vez Walt Disney: "Todo lo que un hombre se imagina, se puede crear".

Al describir con palabras un hecho, estás generando una imagen mental de ese evento, que al ser un producto creado por el diálogo, también puede ser transformado. Tú y la conversación están influidos por las historias registradas en tu mente con eventos anteriores de características similares.

El filósofo alemán Martin Heidegger afirmaba: "No entendemos a la persona: sólo interpretamos lo que dice". Es decir, nuestra vida es una interpretación de lo que hemos dejado ver a los demás a través de nuestro lenguaje. Las entrevistas son un intercambio de interpretaciones. No vivimos la vida como *es*, sino como la *vemos*. Durante una entrevista, entrevistador y entrevistado perciben de inmediato, por la dinámica del diálogo, las posturas y actitudes de la contraparte y con base en ello toman su posición de apertura o bloqueo, y eso es interpretativo.

La vida es una interpretación de la realidad, tal como crees que tú y tu nombre son exactamente lo mismo porque con el tiempo te has identificado con ese nombre. Tus padres te asignaron un nombre y, más adelante, tú lo repetiste tantas veces hasta hoy que estás convencido de que tu nombre y tú son lo mismo, aunque si hubieses nacido en Alemania y te llamaras Helmut dirás lo mismo de ese nombre. Tu cerebro lo aprendió y te hace creer que ese nombre que pronuncias te pertenece. A través del lenguaje se crea la vida, así como el éxito o el fracaso con un cliente, con tu pareja o con tus relaciones familiares o interpersonales, en general. Estamos todo el tiempo interactuando con otros seres humanos intentando convencer o que te convenzan de algo. El dominio del diálogo entonces es la clave para el éxito en tu vida, ya sea profesional, personal e interpersonal.

Lo anterior explica por qué algunas personas hacen un caos de su vida y otras, por el contrario, han alcanzado el éxito que esperaban. La interpretación que hicieron de su realidad definió las conductas que tuvieron durante toda su vida con otras personas. Se dice que la amistad entre Bill Gates y Warren Buffet, uno de los hombres más ricos del mundo de las inversiones, no llevó más que una junta en la que coincidieron y hoy son muy amigos; hacen negocios juntos y mantienen una amistad como si se hubiesen conocido en la secundaria. El diálogo permite que las personas intercambien formas de pensar que pueden ser motivo de una disputa o de un gran encuentro.

El lenguaje describe y crea realidades. Por eso es necesario que estés atento al tipo de lenguaje que utilizas en tus diálogos (reactivos o proactivos) y al tipo de preguntas que regularmente formulas en cada entrevista, ya que de eso depende tu realización. Rafael Echeverría, destacado especialista de la dinámica conversacional en la familia y en los negocios, comenta: "No podemos entender al humano sino a través del diálogo. La palabra nos crea y nos define ante los demás". La ontología del lenguaje estudia, precisamente, al ser con base en el lenguaje. Por ello es tan importante el capítulo anterior para que comprendas si tu lenguaje es reactivo o proactivo, ya que el resultado de ambos es diametralmente distinto.

Debes partir de la convicción de que las entrevistas son procesos conversacionales construidos a partir del diálogo; tus palabras te describen y descubren tu forma de pensar así como tu modelo reactivo o proactivo de proceder durante el proceso. Esto significa que toda interacción con otro ser humano siempre será producto del tipo de lenguaje que uses.

Lenguaje y negociación

El lenguaje es un elemento indispensable para el éxito de cualquier interacción humana y, por tanto, de una negociación, en la relación familiar, con tus amigos y en tu vida de negocios, en tus juntas de trabajo. En su libro *Ontología del lenguaje*, Rafael Echeverría comparte el siguiente principio: "El nivel conversacional define el nivel de una interrelación". De ahí la necesidad de aprender a interpretar de manera correcta las conductas en tus entrevistas, ya que de eso dependerá tu éxito en los negocios. La forma como interpretas lo que dice, lo que hace, la contraparte será determinante para tu éxito en la vida personal y profesional.

Dado que las personas se dan a conocer ante los demás por medio del diálogo, los demás pueden deducir qué tipo de persona eres y cómo piensas a través de la forma en que te comunicas con ellos. Dicho de otra forma, los demás te leen. ¿Te sucedido alguna vez haber prescindido de los servicios de un profesional sólo por la forma inapropiada, según tú, en que se manejó contigo? ¿Cuántos abogados, médicos, políticos o equipos de trabajo has juzgado por el manejo inadecuado del diálogo? Seguramente han sido varios en tu vida. Eso también puede sucederte a ti.

La historia de lo que sucedió en una negociación o en una conversación con tu pareja está intrínseca en el lenguaje y generalmente va acompañada de cierta carga emocional o por una interpretación subjetiva. Un cliente puede definir cómo es un vendedor sólo por el lenguaje que éste utilizó durante una conversación. Lo mismo le sucede con un líder a quien se le reconoce por cuán profundo es en su análisis y en la solución de problemas. Todo ello construye una relación de confianza o la elimina de tajo, independientemente del contenido. Tarde o temprano se sabrá quién está detrás de lo que dice.

> **En el diálogo tus palabras expresan lo que piensas y cómo lo piensas; no te puedes esconder.**

En conclusión, el tipo de lenguaje que usas es la clave fundamental para entender el éxito que estás teniendo en tus juntas o negociaciones actuales, en tu vida financiera y en tu trabajo. Si a lo anterior agregamos la transformación que ha tenido el lenguaje provocado por la tecnología, la Internet, Facebook o Twitter, el proceso de la comunicación para convencer a otra persona se ha vuelto cada día más complejo (aun tomando en cuenta que se han acortado las distancias con este avance tecnológico).

Usas lenguaje persuasivo o eres informador

Seguramente te habrás preguntado más de una vez cuáles son los elementos que influyen sobre una persona para que se cierre un negocio en una entrevista, también cuáles son las preguntas que formuladas de cierta manera te las rechazan, pero si las presentas de otra forma te las aceptan.

El secreto es que tú descubras si eres una persona persuasiva que sabe influir en los demás o eres una persona que crees que con dar sólo datos e información convences a la contraparte. Estudios realizados sobre persuasión muestran que existen varias formas de persuadir a las personas para que tú obtengas lo que quieres y no termines sólo informando al entrevistado. Existen varios principios que quiero compartir contigo para que analices cuál de ellos aplicas e incorpores los que aún no. Una vez que domines estos principios, tu poder de convicción aumentará y no tendrás que coaccionar todo el tiempo para que la persona acepte tu punto de vista.

1. Principio ganar/ganar

El principio de pensar en el beneficio de la otra persona y no sólo en el tuyo tendrá en general un resultado positivo. Las otras personas perciben si tú buscas tus intereses personales o los de ellas. El principio de reciprocidad comienza a surgir cuando tú actúas de esa manera. Piensa en cuántas oportunidades alguien te ha hecho un favor y recuerda qué has sentido por esa persona. Si alguien tiene un detalle contigo que no esperabas, será recordado por mucho tiempo por ti. Cuando alguien hace algo por ti incondicionalmente, con seguridad te sentirás obligado a hacer lo mismo por esa persona algún día. La típica expresión: "Te debo una". Observa a tu mejor amigo o amiga y reflexiona si no existe un interés por apoyar o ayudar si lo necesita, ya que tú sabes que él o ella harán lo mismo por ti. Este principio en tu mente crea un sentido de interdependencia con la otra persona. En una entrevista es exactamente igual. Si la contraparte siente tu actitud, tu intención de ayuda, apoyo y comprensión o colaboración para resolver su problema, obtendrás más resultados que empujando tus ideas. Por ello **"la intención es más importante que lo que dices"**, recuérdalo. Eso lo leen en tus ojos, en tu tono de voz, en tu postura física y en la conformación de tus preguntas y sustento de tus posiciones. La actitud de ganar/ganar encierra un enorme poder de persuasión. No estoy hablando de que des sin recibir algo a cambio. Estoy diciendo que te corresponde a ti primero dar el primer paso. En el mundo comercial la reciprocidad se observa con más influencia en las estrategias de marketing digital, la primera premisa es que debes regalar todo el tiempo algo para que la persona sea tu aliada y se convenza de tus ideas o construya confianza en tus ofertas. La actitud de ganar/ganar que encierra la reciprocidad envolverá tu propuesta principal de un halo de apertura que hará que la otra persona te escuche con intención de comprenderte y no sólo de hacer un juicio, que surge frecuentemente de las conductas de inflexibilidad.

Pregúntate

¿Con qué frecuencia utilizo intencionalmente la actitud de beneficio hacia la otra persona antes de la mía? ¿O sólo te concentras en su posición y en tu planteamiento dando mucha información, con el afán de que la otra persona lo comprenda? En inglés se usa la pregunta: "¿Qué hay para mí en lo que tú me dices?". Eso debe ser muy evidente y subrayado en tu presentación o discurso como líder. La otra persona lo debe notar.

2. Principio de integridad

Dice el famoso cineasta Woody Allen: "Las cosas no se dicen, se hacen. Porque cuando se hacen, se dicen solas". La congruencia es un rasgo de personalidad que es muy bien recibido por la mayoría de las personas. Cuando tienes enfrente a una persona que dice y no hace, promete y no cumple, sus acciones no corresponden con la realidad, se le considera un hipócrita, mentiroso y, principalmente, pierde credibilidad. Lo mismo les sucede a los líderes. A un líder no le creen por lo que dice, le creen por lo que dijo e hizo. Es su historia ante el grupo, ante sus clientes, ante sus proveedores lo que determina su nivel de credibilidad. No hay cosa más incongruente que aquellos políticos que se autodenominan honestos. La honestidad es producto de su integridad histórica, no se puede promover, se tiene que observar. Debe ser una actitud evidente. Pregúntate en tus entrevistas si tienes un alto nivel de credibilidad como producto de tu historia ante la contraparte. Si no inicias con un ambiente de confianza y credibilidad, tu propuesta será cuesta arriba. Es importante que preguntes acerca de la imagen que tienen de ti o de tu empresa cuando inicias una negociación, de lo contrario saldrá en el momento que hagas tu propuesta central. De las profesiones que he visto más dañadas por la credibilidad han sido los vendedores de autos, principalmente los de autos usados, o casas que prometen cosas que luego no se cumplen. También los políticos han perdido su credibilidad ante el pueblo, ya no les creen y menos cuando hablan de anticorrupción. La gente dice "Pero si la corrupción es de ellos, ni modo que se vayan a poner castigos muy severos". En las negociaciones debes consultar en los primeros momentos el nivel de confianza que existe en tus productos, tu empresa, tu persona o de la imagen que tienen de ti como persona para saber si ya perdiste antes de comenzar. Pregúntate: ¿Eres una persona que refleja confianza, credibilidad?, ¿eres congruente?, ¿históricamente cumples con tus promesas? Reflexiona: ¿Eres una persona carismática, sensible, empática? Recuerda: Tu historia te delata, no lo que tú digas.

3. Principio de liderazgo

Entrevistarse con una persona que tenga autoridad y poder en el mercado es clave para ser respetado pero, más aún, escuchado. Somos más influidos por personas que son una autoridad en la materia, más que por unos pobres merolicos que sólo hablan de sus temas, de sus posiciones, de sus productos y de los que ellos creen y no son considerados por falta de fuerza o sustento. En los noticieros lo vemos todo el tiempo. Muchos comunicadores creen que tienen mucho poder porque tienen muchos seguidores en sus twitters, pero nunca confirman si son líderes de opinión por ellos mismos o por el programa, el horario o la fuerza de la empresa para la que trabajan. La mayoría de los comunicadores, cuando los retiran de esas empresas, pierden casi todos sus seguidores en corto tiempo. Vivieron engañados por años, nunca fueron líderes, sólo estuvieron en el puesto de líder. Sólo les sirvió para su ego, pero no les sirvió para tener continuidad al salir de ese programa. Les quitan el micrófono y no son nadie, ya que nunca se preocuparon por confirmar si ellos eran los que hacían el programa o el programa los hizo a ellos. En una entrevista de negociación es necesario que confirmes la fuerza que tiene tu empresa en ellos, cuánta credibilidad personal reflejas, qué posibilidades tienes, cuánta credibilidad tiene tu gente en ti como líder para aceptar tus ideas. Muchos reporteros no son escuchados por sus entrevistados porque no tienen un liderazgo reconocido en el medio, sólo son simples preguntadores de temas cargados de obviedad.

Pregúntate: ¿Cómo eres visto en tu propuesta? ¿Te respetan? ¿Tienes influencia? ¿Tienes poder en la decisión final? Debes investigarlo aunque no te guste lo que descubras.

4. Principio de riesgo

La idea de una posible pérdida puede ser muy limitante en tu planteamiento, ya sea como líder o como negociador. Si tienes miedo a perder, seguramente el nivel de riesgo que corras será menor. Estas personas se sienten más seguras con el pensamiento de una posible pérdida y se protegen, van paso por paso. En el mundo del consumo este principio se aplica. "Cómprelo ahora porque ya no habrá otra promoción como ésta". Parecería que te está diciendo que ya no habrá ese producto o esa promoción nunca más en toda la vida. Mucha gente reacciona a este sentido de pérdida y compra. Si tienes mentalidad de abundancia te arriesgarás a ganar para obtener lo máximo que puedas de la negociación. De lo contrario dirás: "Bueno, por lo menos nos dieron parte del proyecto y no perdimos todo". Estos negociadores miedosos deben curar el dolor de la sensación de pérdida. Los líderes que se arriesgan en el mercado y luego van resolviendo los problemas en el camino son más exitoso que aquellos que esperan que las condiciones cambien. Este elemento es clave en la persuasión, la gente lo percibe con facilidad en tu lenguaje y conductas ante las personas que tienes enfrente.

Pregúntate: ¿Eres una persona arriesgada o eres una persona cautelosa? ¿Te la juegas todo el tiempo o buscas perder lo menos posible? De ello depende tu capacidad de persuadir o de presentar pequeños pasos de la solución total. Te anticipo que se te nota si estás atemorizado, no lo puedes ocultar.

5. Principio de la primera impresión

¿Cuántas buenas primeras impresiones puedes dar? Sólo una, y ésa es muy importante. Necesitas conocer que hay una relación directa entre la arrogancia y el sentido de protección y defensa durante tus entrevistas. ¿Eres defensivo o eres una persona que confía en sus instintos y en los de la contraparte? ¿Pones cara de póker o te abres ante las personas con confianza? ¿Eres una persona que mantiene la calma y no ataca como reactivo? ¿Pierdes los estribos fácilmente y te cuesta aceptar una respuesta negativa sin tomarla personalmente? Si te tomas las cosas personales seguramente eres reactivo, defensivo, inflexible y poco considerado. Te sudan las manos, te pones ansioso y levantas la voz o te quedas callado.

Pregúntate si eres carismático, si caes bien, si eres simpático o si te cuesta conectar con las personas. Para persuadir necesitas tener calma y no actuar defensivo, de lo contrario no serás aceptado aun si tienes la mejor propuesta. Necesitas construir confianza. Si caes pesado, perdiste la partida antes de jugarla.

RESUMEN

Para influir en las personas debes reflexionar en estos puntos. Debes confiar en estos cinco puntos que te acabo de dar, debes ejercitarlos todo el tiempo. No significa ceder sino influir. Pero la influencia se inicia con el punto de vista de la otra persona. De lo contrario tendrás un boicot silencioso del que nunca te enteras durante la entrevista, sino cuando sales de ella. Ten cuidado de que la contraparte no esté usando este método y tú seas el influido por desconocer estos principios de influencia y persuasión durante tus juntas de trabajo o tus entrevistas. Si eres político, aún más debes incorporarlo en tus mensajes. Estúdialos y practícalos todo el tiempo.

CONSEJOS

- Recuerda que la gente sabe quién eres y cómo piensas por la forma en que te comunicas.
- Ten presente que la congruencia es un factor determinante para el éxito en una negociación. Reflexiona acerca de lo que vas a prometer, pues no habrá congruencia en tus actos hasta que te comprometas con lo que ofreces.
- Considera que en un diálogo siempre participa tu capacidad de persuasión. Debes aprender a influir para persuadir, de lo contrario tendrás que imponer y ahí perderás tus negociaciones.
- Considera que los estilos de pensamiento y sus respectivos lenguajes son diferentes y que debes aprender a convivir con ellos.
- Revisa tus cinco principios de persuasión con frecuencia, ya que te ayudarán a ser más exitoso de lo que hoy eres.

TAREAS

- Define cómo utilizas el lenguaje y cómo piensas que es recibido por las personas con las que te entrevistas o dialogas.
- Anticipa las preguntas que formularás para garantizar que generen una acción a tu favor, para ellos debiste haber influido. Estudia los cinco principios de la influencia.
- Presta atención a aquello en lo que se interesa tu entrevistado y define cómo podrías influirlo para que decida por ti y no por otros.
- Ejercita los cinco principios. Toma conciencia de ellos y de la influencia que tienen en tus resultados.

CAPÍTULO 5

MI ESTILO PERSONAL DURANTE LAS ENTREVISTAS O NEGOCIACIONES

EN ESTE CAPÍTULO

- Conocerás las características y la forma en que se comunican los cuatro estilos de pensamiento, derivados de las áreas de especialización de la mente.
- Identificarás tu forma de pensamiento dominante.
- Aprenderás cómo interactuar y negociar con personas de otros estilos de pensamiento.
- Conocerás cómo actúa cada estilo de pensamiento en momentos de estrés elevado y sabrás cómo lidiar con la situación.
- Identificarás cómo usar tu estilo ante personas distintas.
- Aprenderás a adaptarte a las distintas personalidades para poder persuadir y triunfar en los negocios.

Áreas de especialización de la mente

Se han hecho muchos estudios del funcionamiento de nuestra mente y todos ellos coinciden en que existen cuatro áreas de especialización de nuestro cerebro, las cuales procesan información de manera diferente. Estas áreas de especialización se dividen en: analítica, ordenada, emotiva y creativa. Éstas están interconectadas y funcionan de manera interdependiente y cada una percibe la parte de la realidad que le resulta más fácil asimilar de acuerdo a su estilo.

Cuando usamos el área de nuestro cerebro en el que tenemos más dominancia nos resulta fácil expresarnos con mayor fluidez. Se ha descubierto que todos los seres humanos tenemos algo de cada una de estas cuatro áreas. Pero también que cada ser humano posee un don sobresaliente en una de ellas. Si bien cada área posee una función especializada, todas son igualmente importantes; nuestra vida, tal como la conocemos, no sería posible si alguna se encontrara ausente. Dado entonces este principio, los seres humanos no nacen con igual nivel de habilidad en las cuatro áreas. Lo que sí ocurre es que en el área en la que tenemos preferencia, también tenemos más inteligencia y una eficiencia increíble. En esa área somos muy buenos. En el resto nos cuesta más trabajo expresarnos y aun comprender a quien tenga un área cerebral distinta a la nuestra.

Cada persona posee una forma específica de procesar información del medio ambiente y una manera muy particular de lenguaje asociada al área de especialización que domina.

> **En el área en que tenemos más dominancia actuamos, como peces en el agua.**

Las cuatro áreas de la mente funcionan como radares que captan el estilo de información que se está dando en el diálogo. La respuesta a esa interpretación la proporcionarán esas cuatro áreas de especialización, de modo particular el área que domina nuestro cerebro. El hecho de que interactúen las cuatro áreas, aunque no sea con la misma intensidad, nos proporciona la variedad y flexibilidad suficientes que necesitamos para lidiar con nuestras entrevistas y con los conflictos de la vida, aprendiendo a resolver problemas y descubriendo las soluciones más indicadas a través del arte de hacer preguntas.

El área dominante y la labor de entrevistar

Al dar el primer paso en la vida, es necesario que tengas conciencia de cuál es tu pie dominante, ya que con ello sabes cuál moverás primero. En mi caso, que soy zurdo, ante cualquier acción del medio ambiente, mi mano izquierda reacciona con mayor velocidad que mi mano derecha, igual mis piernas, escucho mejor con mi oído derecho, ya que está conectado con mi hemisferio cerebral izquierdo. En estas circunstancias, mi mano derecha luce como de lento aprendizaje y mi mano izquierda, como muy inteligente y de un reflejo extraordinario.

De igual manera, para tener éxito en tus entrevistas, en tus negociaciones y en tus relaciones personales, debes saber cuál es tu dominancia y cuál la de tu contraparte, para tener bajo control el diálogo y el tipo de lenguaje que necesitas para persuadir a tu interlocutor según su dominancia. Por ejemplo, si entrevistas a un financiero y tú eres un entrevistador creativo, se te dificultará comprender la información numérica, racional y cuantitativa de tu entrevistado. Estos encuentros conversacionales resultan altamente agotadores e incómodos para el entrevistador porque no logra fácilmente seguir el ritmo de la conversación saturada de estadísticas, cifras, gráficas y tendencias de un financiero, contra las ideas de una mente creativa, genérica, con múltiples ideas e imágenes poco detallistas.

Nuestra área dominante determina la velocidad con que utilizamos nuestro talento, ahí nuestra inteligencia profundiza y analiza todo lo que quiere porque domina ese tipo de especialidad. Por ejemplo, si un cliente te pide un estudio cuantitativo del comportamiento de un producto en el mercado, lo que quiere son números y gráficas comparativas. Pero si tú tienes preferencia por un área humanista, se te hará difícil compaginar un documento de ese tipo con eficiencia. Más aún, te provocará cierta angustia. Tendrás que pedir información a toda el área de finanzas de tu empresa para que te hagan el trabajo ya que no dominas ese tema. Cuando escuches el lenguaje estadístico que utiliza tu interlocutor, te resultará difícil seguir la conversación con fluidez, dado que tú tienes una especialidad humanista. Te parecerá que tu contraparte habla de temas que te confunden.

Se ha comprobado con el tiempo que los entrevistadores más exitosos son aquellos que tienen más flexibilidad y poseen más agilidad para utilizar un área u otra de su cerebro, lo que les permite utilizar el lenguaje adecuado a cada necesidad. Son personas que sin importar el tema que se aborde logran integrarse al proceso conversacional sin causar desconcierto y sentirse incómodos ante sus interlocutores. Esto fortalece su intuición y su sensibilidad para seguir con éxito el camino que está tomando una conversación.

Descubre tu estilo

Las cuatro áreas de especialización de la mente dan lugar a cuatro estilos de pensamiento y de conducta:

1. Analítico	2. Ordenado
• Domina datos e información • Es racional y lógico • Es matemático y financiero • Es detallista y trabajador • Le interesa el día a día Ellos preguntan: ¿Qué debemos hacer?	• Pugna por el orden y la planeación • Es muy organizado • Impone fechas límites a sus planes • Sigue normas y procedimientos • Implementa acciones Ellos preguntan: ¿Cómo lo haremos?
3. Emotivo	4. Creativo
• Se basa en relaciones interpersonales • Es empático e intuitivo • Forma equipos • Tiene espíritu de servicio • Privilegia el contacto visual y el lenguaje corporal Ellos preguntan: ¿Quién lo va a hacer?	• Piensa en el futuro • Tiene una gran imaginación • Es holístico e innovador • Apoya la diversidad • Es incendiario Ellos preguntan: ¿Cuándo lo haremos?

Ejercicio

Autoanálisis de tu estilo personal

Selecciona doce adjetivos que más te distingan. Luego suma la cantidad de marcas que hiciste por columna. La columna que tenga la calificación más elevada indica el estilo dominante en ti. Puedes tener sumas similares en dos estilos o más.

Estilo analítico	Estilo ordenado	Estilo emotivo	Estilo creativo
_Cuantitativo	_Ordenado	_Integrador	_Creativo
_Crítico	_Metódico	_Humano	_Imaginativo
_Competitivo	_Conservador	_Apoyador	_Muchas ideas
_Racional	_Detallado	_Emotivo	_Artístico
_Matemático	_Organizado	_Sensible	_Innovador
_Lógico	_Administrado	_Espiritual	_Intuitivo
_Técnico	_Planeador	_Musical	_Orientado al cambio
Total:	Total:	Total:	Total:

Es posible que tengas más de una calificación elevada, o con números iguales, lo cual significa que tienes la capacidad de emplear esos estilos indistintamente. Los estilos que aparecen con una puntuación más baja son en los que tienes menos tendencia a aplicar en una conversación. Ahora te explicaré cómo se comporta cada estilo y qué tipo de lenguaje y preguntas debes realizar en cada uno, para tus juntas, negociaciones o entrevistas.

1. Estilo analítico

Si eres un negociador con estilo analítico, tiendes a pensar en términos cuantitativos. Para ti la información es muy importante a la hora de tomar una decisión. Dominas el pensamiento racional, lógico y estadístico. Cuanto más exacto, mejor. Los números y todo lo que pueda medirse y comprobarse es fundamental para tu trabajo. Probablemente tienes facilidad para realizar actividades mecánicas, como armar y desarmar cosas. Sueles ser muy bueno para los números y las estadísticas. Tiendes a pensar de forma lógica y con cierto análisis, te gusta tener datos para decidir. Eres muy trabajador; te importa lo que sucede hoy y que te sea informado por escrito y con detalles, de manera preferente. Sólo te interesa hablar de lo que sucede en el corto plazo, posees una mente práctica y no te involucras en asuntos emocionales. Tomas decisiones complejas con base en información y dejas poco al azar. Puedes llegar a ser un poco incisivo con tus puntos de vista ya que tienes la información y te gusta tener el control de las situaciones. También centralizas las decisiones.

¿CÓMO ES EL LENGUAJE DE UN NEGOCIADOR ANALÍTICO?

a) **Descriptivo**. Las ideas las expresarás con muchos detalles y desde una perspectiva objetiva. La información durante una negociación se fundamenta con documentos, números, estadísticas y datos específicos validados y actualizados.

b) **Racional**. La forma analítica de comunicar permite analizar, reflexionar y comprender un asunto con el fin de tomar una decisión lógica basada en datos.

c) **Directo**. Se caracteriza por la expresión de puntos de vista en forma concreta y precisa, sin rodeos. Tu exposición es relativamente fría, racional y al grano.

CONSEJOS CUANDO TE ENTREVISTES CON UN ANALÍTICO

a) **Sé conciso**: "¿Cuál ha sido su rentabilidad hasta el día de hoy?".

b) **Destaca y resume los puntos clave**: "¿Queda claro que el problema es la suma de estos tres temas?".

c) **Aprende a hacer análisis críticos**: "¿Por qué concluye que la inflación crecerá 3.2%?".

d) **Utiliza números precisos**: "¿Por qué perdimos 3.54% de participación en el mercado, si aumentamos 12% en unidades?".

e) **Cita investigaciones recientes acerca de lo que presentas**: "¿Sabía que nuestro producto tiene 15 años de investigación en un millón de personas?".

f) **Muestra cómo vas a potenciar los resultados de sus propuestas**: "¿Estamos de acuerdo con que reduciendo 18% en inventario obtendremos una ganancia de 23%?".

g) **Presenta aspectos técnicos fáciles de comprender**: "¿Han comprobado los siete componentes químicos del producto?".

h) **Cuando presentes una propuesta, haz énfasis en el resultado funcional**: "¿Sabía que nuestros servicios pueden ser aplicados fácilmente por todo su personal?".

i) **Presenta de manera cuantitativa la ventaja competitiva**: "¿Qué producto en el mercado le ofrece una rotación de 104%?".

j) **Expón costos/beneficios**: "¿Ha visto en esta gráfica el crecimiento de 7% en rentabilidad con una inversión de sólo $500,000?".

2. Estilo ordenado

Si eres un negociador de estilo ordenado, tienes la habilidad de administrar adecuadamente tus asuntos, ya que te gusta el orden y la disciplina. Haces todo lo posible para que las cosas estén en su lugar. Tu vestimenta tiende a ser formal y conservadora. Tu objetivo como negociador es que las cosas se mantengan en orden para disminuir la incertidumbre y la indisciplina. Destacas el respeto que se debe tener por las fechas límite y por el cumplimiento en tiempo y forma de los asuntos. Tiendes a definir si los documentos van en duplicado y cuántas personas deben firmar un documento antes de ser aprobado. Te atrae lo administrativo y ordenado; que haya políticas, sistemas, normas, manuales de procedimientos y controles, todos los cuales se deben cumplir con disciplina. En general, tu escritorio se mantiene limpio, aun cuando terminas el día queda ordenado como si nadie hubiese trabajado allí durante la jornada.

¿CÓMO ES EL LENGUAJE DE UN NEGOCIADOR ORDENADO?

a) **Pausado y mesurado**. Un negociador ordenado se expresa con disciplina y con cautela. Prefiere un lenguaje mesurado y realiza la presentación de sus propuestas de manera metódica, cumpliendo etapas en forma secuencial. Lleva su documentación sistematizada y en sus respectivas carpetas. Prefiere exponer su mensaje punto por punto y espera que su cliente cumpla con el mismo protocolo cuando responda a su propuesta. Es una persona que le gusta la seguridad, lo predecible y lo que puede ser controlable; la vaguedad y la indisciplina y el desorden no es de su interés.

b) **Basado en datos históricos**. Para ofrecer argumentos, el estilo ordenado hace referencia a las tendencias y a los comportamientos anteriores. Los datos históricos son utilizados como argumentos para fundamentar la propuesta actual. Utiliza graficas comparativas históricas para ver tendencias y comportamientos del tema que se esté hablando.

c) **Predecible**. Las conductas son muy predecibles, ya que es difícil que un negociador ordenado se salga de la rutina de su presentación. Es secuencial; paso a paso las cosas les parecen más claras.

CONSEJOS PARA CUANDO TE ENTREVISTES CON UN ORDENADO

a) **Utiliza las palabras correctas y realiza una exposición ordenada:** "¿Tenemos los documentos, los boletos, las tres maletas listas y dos botellas de agua, por si acaso? Revisemos la lista de nuevo"

b) **Pon énfasis en la seguridad y en la confiabilidad:** "¿Cómo puedo estar seguro de que cumplirá con su promesa?"

c) **No utilices un lenguaje que pueda entenderse como un riesgo:** "¿Quién puede ofrecerle más garantía que nosotros?"

d) **Durante tu presentación, expón un plan de acción con sus revisiones:** "¿Necesita que elaboremos un programa de seguimiento mensual de cada uno de los temas que estamos abordando?"

e) **Si ofreces una propuesta, sopórtala con referencia de otros proyectos o de otros clientes:** "¿Sabía usted que nuestra empresa ha realizado proyectos en más de siete países? ¡Véalos aquí!"

f) **Enumera las investigaciones que fundamentan tu propuesta:** "¿Por qué no vamos a nuestra área de investigación y desarrollo para que vea personalmente la calidad de nuestro producto?"

g) **Presenta documentación histórica que avale el éxito de tu propuesta:** "¿Desea que le muestre los comentarios de personas con las que hemos aplicado nuestro sistema?"

h) **Condúcete según las reglas establecidas:** "¿Cuáles son los valores con los que se rigen sus decisiones?"

i) **Cumple con los tiempos:** "¿Le importa que le entreguemos el producto el lunes?"

j) **Utiliza información que garantice el cumplimiento de tus promesas:** "¿Me permite mostrarle documentos que avalan nuestra calidad y nuestro servicio por 20 años?"

3. Estilo emotivo

Si eres una persona con estilo emotivo, seguramente mantienes buenas relaciones con tu contraparte negociadora. Puedes darle más énfasis a la amistad que a tu negocio. Posees una habilidad empática y te conectas fácilmente con los demás. Sueles ser simpático y agradable, se te facilita comunicarte con desconocidos. Logras percibir con rapidez si tu contraparte desvía la atención. Tienes la capacidad de manejar las entrevistas cambiando el tono de tu voz o tu postura física para aliviar la situación. Tu intuición es casi mágica, ya que percibes lo que muchos no advierten en la conducta de los demás; tienes un sexto sentido. Te preocupa que la otra persona no esté atenta o tenga gestos que no van con el tema.

Para las personas emotivas es muy importante el contacto visual, éste constituye la esencia de su conexión con la otra persona. Prefieren la comunicación personal y pueden recordar con facilidad los rostros de las personas.

¿CÓMO ES EL LENGUAJE DE UN NEGOCIADOR EMOTIVO?

a) **Corporal y no verbal**. El negociador emotivo busca armonía y tanto su lenguaje oral como su postura física son coherentes. Si la entrevista se sale de su cauce, puedes ponerte un poco ansioso e incluso reactivo ante ese desvío.

b) **Destacan en esta forma de comunicación el lenguaje corporal**, las expresiones faciales y el tono y la fuerza de la voz, más que el discurso textual de la propuesta. El matiz de la voz es fundamental para suavizar los temas complejos y evitar conflictos. Estos detalles son piezas clave para crear armonía y *rapport*, así como para hacer sentir bien al cliente, dejando, en algunos casos, el contenido de la negociación en segundo plano.

c) **Sus frases más comunes son:** "Yo siento que...", "me preocupa...", "juntos podemos...", "se sentirá mejor si..."

CONSEJOS PARA CUANDO TE ENTREVISTES CON UN EMOTIVO

a) **Recuerda que para un negociador emotivo, los sentimientos son más importantes que los hechos:** "¡Me comprometo con usted personalmente! ¿Puedo ayudarlo en algo más?"

b) **Al hablar utiliza la segunda persona del plural:** "¿Sabía que nosotros constituimos una familia de valores y tradiciones muy sólidos?"

c) **Utiliza metáforas relacionadas con la vida de las personas.** Sé sensible a conceptos de empatía y familiares: "¿Ha construido una empresa con valores y principios para que usted y sus hijos puedan vivir de este negocio en el futuro?"

d) **Habla en términos de tu contribución a la contraparte:** "¿Desea sentirse tan estable como ha ocurrido hasta hoy?"

e) **Muestra a tu interlocutor cómo mejorará su imagen** o dile lo bien que le irá si acepta tu propuesta: "¿Sabía que los ejecutivos más importantes de la revista *Fortune 500* también utilizan este sistema?"

f) **Haz referencia a tu competidor inmediato para que tu contraparte se sienta motivada:** "¿Conoce el método que implementamos con su competidor inmediato hace seis meses y sus extraordinarios resultados?"

g) **Utiliza métodos de empatía para reflejar su interés y sus necesidades:** "Comprendo cómo se siente. ¿En qué puntos estamos de acuerdo entonces?"

h) **No presiones si no comprendes el punto de vista de tu interlocutor:** "Si entiendo bien, ¿su interés es resolver este tema?, ¿verdad?"

i) **Expresa tu interés por la persona más que por el negocio:** "Entiendo su preocupación y estoy aquí para apoyarlo".

j) **Apoya a tu contraparte cuando sea necesario, procurando que sienta confianza:** "¿Le confieso algo?, tiene mi apoyo incondicional en esta decisión".

4. Estilo creativo

Si eres un negociador estilo creativo, seguramente piensas continuamente en cambios, en modificar las cosas ya que para ti todo cambio es sinónimo de progreso. Tener diversidad de ideas, de opciones, te inspira una sensación de oportunidad y de agilidad. Piensas en tener más productos, más mercados, más acciones y múltiples ideas te dan una sensación de mayores oportunidades. Tus presentaciones pueden parecer dispersas e incluir varios temas al mismo tiempo, aunque no lleven un orden.

No sueles subordinarte a los sistemas, ni a los procesos, ni a las políticas, a los cuales consideras elementos burocráticos que limitan tu capacidad creativa y de renovación. Además, posees una mente visionaria, llena de ideas todo el tiempo. Generalmente con un buen sentido del humor.

La implementación de un proyecto siempre es compleja, pero tu mente inmediatamente concibe la fotografía de dicho proyecto terminado y lo instrumentas, mas no los pasos que hay que dar. A los creativos las soluciones, en muchos casos, les pueden ser muy fáciles pero no presentan los pasos, las secuencias, las estadísticas y medidores.

¿CÓMO ES EL LENGUAJE DE UN NEGOCIADOR CREATIVO?

a) **Vasto y diverso.** El negociador creativo tiende a expresar oportunidad y diversidad de opciones. Muestra una actitud de apertura hacia los problemas, ya que su mente es capaz de encontrar las soluciones con suma facilidad. Advierte y deja ver la gran fotografía de una idea, aunque no los detalles, que dejará a cargo de los individuos operativos. Con frecuencia inicia sus frases con esta introducción: "Yo veo…" "Me imagino…"

Esta forma de comunicación durante la negociación posee poca información estadística o numérica; la estructura paso a paso no es parte de su discurso conversacional. Jamás se enfoca en procesos minuciosos u orden y disciplina. Sus presentaciones son con muchas imágenes visuales.

Todo lenguaje que exprese algo nuevo es atractivo para una persona creativa: "¿Por qué no cambiamos, modificamos, rehacemos, inventamos, rediseñamos...?".

Los negociadores creativos utilizan frases como las siguientes: "Juguemos con las ideas", "una vez que se nos ocurra una idea no hay que soltarla", "hay que estar a la vanguardia", "debemos renovarnos", "si no cambiamos, la competencia lo hará". "Qué bueno que tenemos muchas alternativas".

b) **Muchas ideas.** Los negociadores creativos tienden a plantear varios escenarios, pueden entrar y salir de un tema a otro; pueden no concretar o no presentar información que sustente lo que dicen ya que, con frecuencia, dan muchos puntos de vista y en algunos casos no concretan y pueden dejar cabos sueltos.

CONSEJOS PARA CUANDO TE ENTREVISTES CON UN CREATIVO

a) **Concéntrate en las soluciones alternativas más que en la descripción del problema.** Utiliza metáforas para crear una visión: "¿Se imagina que con esta máquina podría llenar un estadio completo con sus productos?"

b) **Usa un lenguaje que muestre la fotografía completa del proyecto:** "¿Cómo le gustaría ver terminada su casa?"

c) **Emplea palabras como innovación, creación y renovación.**
Utiliza un lenguaje que estimule el ego y la autoestima de tu
interlocutor: "¿Se imagina ser el primero en lanzar un diseño
como éste? Será un pionero en su comunidad"

d) **No hagas alusión a que deben firmarse muchos documentos.** Expón una situación más fácil: "¿Ha visto que nuestra solución sólo requiere dos pasos?"

e) **Utiliza lo menos posible un discurso que contenga muchas
cifras y muchas estadísticas:** "¿Cuál de estas dos imágenes le
parece mejor?"

f) **Emplea las palabras visión, imagen, opciones, revolución:**
"¿Puede creer que nunca me había enfrentado a una visión con
tantas opciones de éxito como la suya?"

g) **Apenas tengas una idea, enfoca la conversación y utiliza un
lenguaje lineal.** No divagues: "Si entiendo bien, ¿usted considera que la solución al problema es la segunda opción?"

h) **No solicites detalles de la idea de tu interlocutor, asume la
responsabilidad de concretarla:** "¿Qué le parece si usted me
dice qué requiere y yo veo cómo lo resuelvo?"

Tienes carisma o traes cara de póker

Ahora que conoces los cuatro estilos y seguramente te has identificado
con alguno de ellos, también debes cultivar tu carisma, de lo contrario
tus entrevistas se verán mermadas por esa falta de conexión emocional con las personas, al margen del estilo.

Sorprendentemente muchos ejecutivos adolecen de una buena comunicación interpersonal, esto limita la expansión de su capacidad
carismática. La mayoría de los sociólogos coinciden en que el carisma
es un componente fundamental que contribuye a alcanzar lo que se espera en las negociaciones. Las personas carismáticas logran conectar

fácilmente con la gente y se abren a la conversación. El doctor William Cohen, consultor de ejecutivos y autor de *El nuevo arte del líder*, asevera que los ejecutivos deben verse bien ante los ojos de los demás. Su gente debe creer en él, ya que su éxito como líder depende de lo que logre a través de otros y en sus juntas de trabajo. Por tal razón el carisma lo encaminará hacia la ruta del éxito. En una negociación es igual; para un político es fundamental caer bien y dar una muy buena primera impresión. El doctor Cohen sugiere siete acciones que pueden contribuir a mejorar tu carisma:

1. Hacer contacto con la gente

La gente te verá como una persona especial si haces sentir especiales a los demás. Para ello debes crear confianza, debes estar mentalmente dispuesto hacia las otras personas. Conozco muchos ejecutivos que les encanta esconderse en su oficina a puerta cerrada. Habla directo, mira a los ojos, dialoga desde la perspectiva de la relación. Bill Clinton, por ejemplo, era uno de esos carismáticos que lograban este contacto con la gente, Obama también lo tiene.

2. Crea un ambiente de esperanza en la gente

Para lograr lo mejor de la gente debes sacar lo mejor de ellos. Significa que deben creer que pueden hacer grandes negocios si trabajan juntos. Debes tener fe y crear en las personas esa misma actitud. Si demuestran mucho interés, reconócelo y agradécelo. Estimula a que expresen sus ideas y valora su aportación. Ten una actitud de apoyo y recepción. Cuántas veces he escuchado a un ejecutivo referir: "Con éste sí se puede hacer negocio, es un gran tipo". Hay líderes que les encanta que su gente les tenga miedo; carisma cero.

3. Mantén la calma

Se espera que mantengas la mente fría en los momentos difíciles. No explotes emocionalmente. Mantén la cordura de tal forma que disminuya la tensión en la negociación. Sé una persona de acción, no de emoción. Los viscerales reaccionan, se descontrola, pierden el estilo, destruyen su imagen y el carisma se viene al suelo. Cuando vayas a una junta toma una pausa antes de hablar. Calma tu ansiedad interna, controla tu reactividad. Toma un vaso de agua y luego habla. Cuando alguien te ataque responde con otra pregunta para que te dé tiempo de reflexionar y tomar control de tus emociones. Hace unos días vi a un contendiente de candidatura independiente decirle a una persona "eres un estúpido y un #%xxx"; perdió los estribos y hoy desistió de su postulación. Es una persona con carisma pero con un estilo emocional destructor de sí mismo y de los demás que opaca su carisma natural.

4. Mantén una buena apariencia

Mantente en forma y viste elegantemente. La forma que vistes debe representar la imagen específica que quieres dar. Observa los gestos de tus ojos, de tu sonrisa; ¿eres duro e inexpresivo, inflexible?, ¿comunicas confianza o los demás deben trabajar para que les tengas confianza?, ¿eres de esos que "muy en el fondo son buena persona"? En el futuro sé cuidadoso en la elección de tu ropa y de tu apariencia física. Pide opinión de personas que saben de imagen pública para que te orienten.

5. Demuestra compromiso

No es suficiente que estés comprometido, debes demostrarlo. Debes ser persistente y hacer sacrificios personales, asumiendo riesgos para que los resultados se cumplan. Las personas carismáticas se caracterizan por pensar en grande. Nadie quiere trabajar duro para pequeños objetivos. Debes crear una gran visión y mucha esperanza para construir un ambiente de motivación y éxito. El carisma se construye con la acción que le impregnas a tus compromisos. Una persona que promete y no cumple destruye su imagen y su poder e impacto. Recuerda que cuanto más compleja sea la negociación, tu estilo de personalidad y carisma se transforma en la herramienta fundamental para construir tu éxito en entrevistas y negociaciones.

CONSEJOS

- Reflexiona acerca de las características más sobresalientes de tu estilo personal.
- Practica identificar el estilo dominante de tu contraparte y haz preguntas para involucrarlo.
- Intenta dominar todos los estilos con el fin de flexibilizar tu forma de pensamiento dominante.
- Recuerda que al identificar tus conductas en situaciones de alto estrés podrás tomar el control de una conversación con facilidad.
- Identifica aquellas preguntas que neutralizan conductas en situaciones de estrés.

TAREAS

- Descubre cuál es el estilo que más utilizas. Explora cómo y en qué situaciones lo usas.
- Elabora una lista de preguntas de cada estilo y practica cada una de las conductas para utilizarlas con mayor conciencia.

- Define cómo actúas bajo estrés y planea una serie de cambios para mejorar tu desempeño durante tus próximas entrevistas.
- Ensaya preguntas para los diferentes estilos de clientes o de personas que actúan bajo estrés y aprende a manejarlas en el futuro. Desarrolla tu carisma para que seas aceptado por las personas y no tengas que lidiar con tu propia persona para lograr tus objetivos.

CAPÍTULO 6

PREGUNTAR Y ESCUCHAR, DOS CARAS DE LA MISMA MONEDA

EN ESTE CAPÍTULO

- Comprenderás que escuchar es una actitud de respeto y apertura hacia los demás.
- Identificarás la diferencia entre el decir, el tono de la voz y el mensaje corporal.
- Dominarás el arte de aceptar puntos de vista y de no juzgar a los demás.
- Conocerás los principios de las personas que saben escuchar en un diálogo.

¿Qué es escuchar?

La comunicación humana tiene dos facetas: escuchar y hablar. Por lo general, se considera que hablar es la más importante de ambas, ya que constituye la parte más activa de la comunicación, mientras que escuchar siempre se considera una acción pasiva (aunque no lo sea). Pero cada día son más las personas que toman conciencia de que realmente no escuchan lo que otros dicen. Lo anterior es obvio en nuestras relaciones interpersonales y de pareja, pero también en el ámbito de los negocios.

Cuando son escuchadas, las personas se sienten bien consigo mismas y con quienes las atienden. Escuchar es prestar atención a la persona para que se exprese cómodamente y poder entenderla y se sienta respetada.

Un día viajaba con mi esposa en el auto y comenzó a hablar acerca de un tema que yo escuchaba con atención, y sólo asentía a lo que ella decía, expresando breves comentarios. Cuando llegamos a nuestro destino me dio un beso y las gracias por haberla escuchado. Las personas naturalmente tienen la necesidad de ser escuchadas para ser comprendidas. Prestar atención y tener una actitud receptiva hacia los demás es fundamental, pues escuchar constituye un acto de aceptación de la otra persona, al escucharlas le damos su lugar; le demostramos que nos importa y respetamos lo que piensa.

Pero cuando no sólo lo escuchamos, sino que también formulamos preguntas inteligentes a nuestro interlocutor, estamos creando un ambiente de interés y compromiso. Mostrar curiosidad por lo que la otra persona dice es una demostración de respeto y consideración, que abona de manera sustancial la apertura al diálogo y ofrece la oportunidad de profundizar en un tema porque se ha creado un ambiente de apertura y de confianza.

Las personas que saben formular buenas preguntas en general son buenas para escuchar, ya que la pregunta lleva consigo la intención de conocer lo que opina la otra persona.

El fenómeno de la comunicación humana no depende sólo de lo que dice el entrevistador, sino de cómo lo procesa quien recibe su mensaje. Por lo regular damos por sentado que escuchamos lo que alguien dijo y que respondemos a la pregunta que esa persona formuló, pero no siempre la gente dice lo que piensa: más bien dice lo que le conviene o lo que le interesa que conozca la otra persona. Por ello la intención es un factor determinante para garantizar la fidelidad de la comunicación, por eso es fundamental distinguir a las personas que escuchan de las que manipulan.

Los cuatro pasos del buen escucha

APERTURA

ENFOQUE EN EL INTERLOCUTOR

INTENCIÓN DE COMPRENDER

DEJARSE INFLUIR PRIMERO

1. Apertura

En el acto de escuchar es muy importante aceptar que hay otras formas de pensar diferente de las nuestras. Para aceptarlo es necesario comprender este principio. Cada vez que rechazamos a una persona, porque nos cae mal, limitamos nuestra capacidad de escucha. Por esa razón la escucha efectiva tiene como condición la apertura hacia otros puntos de vista. Cuando estés ante una persona no la juzgues por lo que ves, júzgala por lo que te responde a tus preguntas reflexivas.

En la medida en que escuchamos vamos conociendo a nuestro interlocutor: quién es y cómo piensa, si está involucrado, o te está manipulando. A pesar de que, en términos generales, los seres humanos compartimos grandes similitudes, en esencia cada uno somos únicos e irrepetibles y eso es lo que debemos descubrir en los demás por medio de preguntas, así como también ellos deben descubrirlo en nosotros de la misma manera al entrevistarlos. Pero es tu responsabilidad dominar este principio en tus entrevistas.

2. Enfoque en el interlocutor

La escucha activa implica la capacidad de atender a la otra persona con toda intención y con el interés de comprender su enfoque. Pregúntate si en tus juntas o en tus entrevistas enfocas tu mente en ti mismo o en tu interlocutor.

Si fueras vendedor, deberías enfocarte en la voz de tu cliente; si eres un médico, debes comprender a tu paciente para diagnosticar. El principio dice que debes entender antes de prescribir. En un diálogo profesional debemos movernos en el continuo de escucharnos a nosotros mismos y de escuchar a los demás. Pero surge un problema de comunicación cuando nos concentramos en escuchar nuestra voz en primera instancia y es porque nuestro mensaje se distancia de la otra persona.

Un líder que no escucha a su equipo difícilmente podrá resolver sus problemas, ya que no piensa que las ideas de su grupo pueden ser mejores. Las grandes soluciones a los problemas surgen de la sinergia de las ideas y para ello los líderes deben aprender a escuchar para obtener ideas inteligentes de su gente. Enfocarte en el interlocutor no significa que estás de acuerdo, sino que es el preámbulo para llegar a comprender.

3. Intención de comprender

El doctor Stephen Covey, con quien trabajé muy de cerca por más de 15 años y con quien colaboré en la traducción de su libro al español, hace ya casi 25 años, decía: "El secreto de escuchar eficientemente consiste en enfocar tu energía en la otra persona. Implica atender a nuestro interlocutor con la intención de comprender, no con la intención de responder". Lo llamaba el hábito de escuchar. Cuando tu energía está concentrada en ti mismo, tu atención se centra en responder más que en comprender. Escuchas con el propósito de acumular información, para luego responder, con el fin de que acepte tu punto de vista primero. Al escucharlo tu mente sólo hizo un juicio de lo que la otra persona decía y cuando responde a lo que la otra persona dijo tu filtro psicológico dirá algo así: "Después de escucharte déjame decirte por qué no estoy de acuerdo contigo". Cuando alguien contesta de esa manera significa que escuchó sólo con la intención de responder y de verificar si pensaba como tú y, como no es así, dirás: "Estás equivocado". Escuchar en este caso sólo sirvió para dar un juicio de lo que acabo de escuchar, diciéndote internamente: "Estoy de acuerdo", "no estoy acuerdo", "eso está bien", "eso está mal", "yo sé, tú no comprendes". Eso se llama escuchar con la intención de responder. "Sólo te escuché pero fue filtrado por todos mis puntos de vistas personales, no tuve la intención de comprenderte sino que quiero que tú me comprendas a mí primero".

Por el contrario, si se tiene la intención de comprender, surge en ti la empatía, la cual implica ponerse en el lugar de la otra persona. No significa estar de acuerdo con ella, ni aceptar sus ideas, sino sólo entender cómo piensa, te dirás: ¿Cuál es su enfoque para pensar así?, ¿en qué estará pensando?, ¿por qué dice eso?, ¿qué ve esta persona que yo no veo, ¿por qué piensa de esa manera?

Cuando escuchas para comprender, abres tu mente a nuevas opciones. Te abres a las intenciones de la otra persona. No la juzgas: sólo intentas comprenderla, para convencerla con sus propias palabras.

Significa intentar ver lo que la otra persona mira para comprender sus ideas, aun cuando uno no esté de acuerdo con ellas. Esta postura de concentrarse en las motivaciones de la otra persona te permitirá conocer sus argumentos para ampliar tu comprensión de lo que necesita. Por otra parte, si escuchas a tu equipo de trabajo en una junta con la intención de comprender lo que ellos piensan, podrás encontrar nuevas ideas para instrumentar mejores soluciones.

4. Dejarse influir primero

El secreto para lograr influir en los demás está en dejarse influir primero. Esto podría parecerte ilógico, sin embargo, te permitirá escuchar y comprender de manera simultánea. Dejándote influir, puedes integrar en tu mente la opinión de la otra persona. Al comprenderla, podrás ver con más claridad lo que dice y lo que quiere decir. Asimismo, podrás descubrir qué hay en el fondo de lo que expresa y, más aún, podrás ver lo que ve la otra persona para que tú comprendas por qué tu opinión está tan distanciada de la de ella. Qué argumento determina nuestra diferencia y proponer tu punto de una forma distinta y más convincente para ella.

Cuando por el contrario, te enfocas en emitir un juicio sobre el argumento de la persona, sólo atiendes tu punto de vista y omites la opinión de aquélla. Esto es, te pierdes la mitad de la película, ves una sola cara de la moneda.

Dejarse influir requiere tener seguridad en uno mismo. No significa cambiar tu punto de vista, sino conocer otro punto de vista distinto. Es la oportunidad que ofrece abrir tu mente a la escucha incondicional para hallar espacios comunes en la conversación.

Cuando se escucha sólo con la intención de "convencer" a nuestro interlocutor, sólo hay un ganador. Se trata de una lucha grecoromana. La misma palabra lo dice: *vencer, con*. Buscas imponer tu razón sobre la razón de la otra persona; tu verdad sobre su verdad; tu punto de vista sobre su enfoque. Implica imponer tu opinión sin comprender verdaderamente. Tu intención es que te escuchen primero. El pensamiento subyacente en esta posición es: "Si no me comprende, ¿cómo me va a comprar?", "si no me comprende, ¿cómo lo voy a convencer?", "si no me escuchan, ¿cómo voy a influir en mi grupo?". "Si no me escuchan, no entenderán mi propuesta" dirá un político que no desconoce el principio. Es un paradigma egocéntrico, en el que sólo ganas tú, pero pierde la contraparte. Quizás tu intención no sea que la otra persona pierda, pero sí que te escuchen a ti primero. En realidad eso no es cierto, el principio es a la inversa. Si te dejas influir primero podrás comprender lo que quiere decir la otra persona o los que están discutiendo contigo. Cuando ya los comprendes tienes información suficiente para ganar la conversación y convencerlos, con sus mismos puntos, con sus propias palabras, no sólo con los tuyos que frecuentemente son rechazados en primera instancia. Está demostrado que ésta es una posición inteligente porque está basada en que si escuchas y te dejas influir, no ofreces resistencia, tienes más información y poder sobre la otra persona.

Pregúntate a ti mismo

- ¿Puedo apreciar con facilidad el punto de vista de los demás?
- Cuando alguien no me agrada, ¿puedo controlar mis emociones y expresarme sin problemas?
- ¿Se me facilita escuchar la voz de mi cliente antes que la mía?
- ¿Soy comprensivo aun cuando no estoy de acuerdo con lo que dice mi interlocutor?
- ¿Escucho con la intención de comprender o de responder?
- ¿Puedo dejarme influir en un diálogo para entender lo que quiere decir mi contraparte?
- ¿De qué me doy cuenta al hacerme las preguntas anteriores?
- ¿Qué debo cambiar para darle prioridad a la voz de mi contraparte en un diálogo?
- ¿Me sentiré débil si me dejo influir? o ¿siento que tomo el poder y control de la situación?

Lenguaje corporal y comunicación eficiente

Los expertos en comunicación afirman que un mensaje es emitido por medio de tres canales de comunicación:

- Palabras.
- Tono de la voz.
- Lenguaje corporal.

Sin embargo, no todos estos canales tienen el mismo impacto en la otra persona:

- Lo que decimos impacta 7%.
- Nuestro tono de voz 28%.
- Nuestro lenguaje corporal 65%.

Es importante que, para ser escuchado de manera correcta, cuides la congruencia de estos tres canales. Debes estar consciente de la forma y no sólo del fondo, para comunicar eficientemente y ser escuchado de la misma manera. Recuerda que el lenguaje del cuerpo, tus ademanes y expresión facial comunican 65% mejor que las palabras.

Ejercicio

Para tu próxima entrevista o junta con tu equipo de trabajo

- Sé consciente de tu tono de voz.
- Articula tu voz: elévala, bájala, habla pausadamente o más rápido.
- Toma conciencia de tu aspecto físico: si estás encorvado y tenso, si miras a los ojos de tu interlocutor. Ensaya una posición de poder, erguido y mirando directamente a los ojos de la otra persona.
- Juega con tu tono de voz y con tu postura corporal para que coadyuven a tu forma de comunicar, con el fin de proyectar una actitud positiva y triunfadora. Muestra energía y positividad; aprende a convencer con tu tono de voz y con tus ademanes, y no sólo con palabras.

Con este ejercicio comprobarás que tu interlocutor cambiará su actitud ante ti, pues el cuerpo está biológicamente preparado para recibir información y reaccionar frente a ella.

Escuchar de manera consciente te permitirá observar simultáneamente el lenguaje corporal y el tono de voz de la otra persona. De esta forma descubrirás las emociones y las necesidades de tu contraparte, que no distinguías antes porque no estabas consciente de ellas. La impresión que damos a los demás no depende del tiempo que invirtamos en el diálogo, sino de la entrega y la apertura que demostremos por medio de estos tres canales de comunicación.

Pregúntate a ti mismo

- ¿Puedo leer con facilidad los mensajes no verbales de las personas?
- ¿Estoy consciente de mis mensajes no verbales?
- ¿Mi tono de voz es el adecuado o dificulta que las personas sigan el hilo de mi conversación?
- ¿Me doy cuenta con facilidad de la interpretación que hacen las personas de lo que les estoy hablando?
- ¿Con frecuencia tengo problemas por malinterpretar lo que dijo una persona y tengo que rectificar mi parecer?
- ¿De qué me doy cuenta al hacerme las preguntas anteriores?
- ¿Qué debo cambiar para mejorar mi mensaje corporal y mi interpretación de un diálogo?

CONSEJOS

- Si deseas mantener un buen clima en el diálogo, demuestra interés por los demás.

- Recuerda que escuchar es un acto de apertura y de respeto por tu interlocutor.
- Toma conciencia de la diferencia que existe entre escuchar y oír: escuchar siempre implica comprensión.
- Aprende a estar consciente del impacto de lo que dices, del tono de tu voz y de tu mensaje no verbal, para aplicarlo adecuadamente en tus próximos diálogos.
- Despliega tus competencias para escuchar con la intención de comprender y no sólo para responder.

TAREAS

- Invierte menos tiempo en hablar y aumenta tu tiempo de preguntar y escuchar.
- Ejercita el hábito de interpretar el contenido de las respuestas y las preguntas de los demás.
- Realiza ejercicios de dramatización para adiestrar tu tono de voz y tu lenguaje corporal.
- Observa a las personas con la intención de descifrar sus sentimientos con sólo verlos. (Lleva a cabo este ejercicio en un sitio donde haya mucha gente, para que tengas múltiples opciones.)
- Permítete ser influido por tu interlocutor para entender el punto de vista de éste.

CAPÍTULO 7

PREGUNTA COMO SÓCRATES

EN ESTE CAPÍTULO

- Identificarás la importancia del pensamiento racional.
- Conocerás la secuencia de los cinco pasos de todo razonamiento lógico.
- Aprenderás los cinco tipos de cuestionamientos que conforman el modelo integral para formular preguntas inteligentes.
- Podrás aplicar el principio que rige el pensamiento racional a través de preguntas.
- Obtendrás más de una diálogo o entrevistas si aprendes la secuencia que tu mente lleva en todo proceso de solución de un problema.

Pensamiento racional

A partir de este capítulo te presentaré una metodología para que la apliques en tus distintos tipos de entrevistas o negociaciones, que te permitan obtener información diversa sobre un mismo tema. Con ello tendrás mayor dominio de tus diálogos con personas.

Preguntar como Sócrates se sustenta en un proceso ordenado y secuencial que puedes usar para buscar soluciones a distintos propósitos:

explorar tu vida, llegar a la verdad, analizar un problema, develar lo oculto, descubrir lo que no conoces, develar la manipulación, descubrir lo que quiere decir la otra persona. En suma, las preguntas socráticas son un sistema que busca profundizar para encontrar la verdad.

Seguramente cuando nuestros ancestros miraban al cielo buscaban respuestas para los acontecimientos de la tierra; para ello se hacían cientos de preguntas todo el tiempo y así seguramente fuimos evolucionando. Un ejecutivo, un padre de familia, un maestro, un líder, un negociador, un reportero, un *coach*, un vendedor, un político, que quiera profundizar en la mente de otra persona, puede usar el sistema de preguntas socráticas. El secreto de las preguntas no es sólo obtener información, sino hacer pensar a la persona a quien se le pregunta para conocer su verdad: necesitas descubrir lo que piensa, siente y sabe. Al aprender el sistema podrás usarlo para procesos analíticos y temas de alta complejidad, como también para comprender, descifrar mensajes y acceder a su información oculta. Es un método para abrir el tema de discusión y descubrir lo que no se dice de las cosas.

Al tener información de los demás a través de preguntas, podrás tomar decisiones más inteligentes. Podrás descubrir lo que no dicen las personas que te rodean. Mejorarán sustancialmente tus diálogos con los demás. Para ello será necesario que practiques todo el tiempo hasta que logres la maestría en el arte de hacer preguntas inteligentes. Tu vida podrá cambiar para siempre si logras el dominio del diálogo a través de preguntas socráticas.

Pensamiento crítico

El arte de las preguntas socráticas está íntimamente conectado con el pensamiento racional evolutivo, ya que permite profundizar y hasta encontrar la verdad de las cosas. Hace algunos años descubrí los principios del pensamiento crítico en The Foundation for Critical

Thinking, que se encuentra ubicada en Dillon Beach, California. De ellos tomé conciencia de la trascendencia de hacer preguntas para que las personas conozcan en profundidad los temas en las escuelas y universidades y, por supuesto, en los negocios. Deseo compartir contigo algunas de sus ideas en este capítulo, ya que ellos son expertos en desarrollar el pensamiento crítico a través de preguntas, así como en elevar el nivel de diálogo y la forma de pensar para tener éxito en un mundo complejo como el de hoy. Te invito a que profundices en este tema en la página <www.criticalthinking.org>.

Descubre cómo piensa tu mente

Dominar el arte de hacer preguntas es una contribución invaluable para tu vida, ya que podrás repetir el proceso tantas veces como lo necesites para tomar decisiones importantes o resolver problemas complejos, ya sea como líder en tus negocios y en tu vida personal o familiar. La mente, la particularidad que piensa a través de un proceso lógico que le permite descubrir dentro de ella la solución o encontrar nuevas formas de ver el tema, abre el camino para ver el problema de diversas formas y descubrir por sí misma las soluciones. Decía Sócrates que nuestra mente siempre tiene en su interior la solución a los problemas. Él creía que la información se transmitía de una generación a otra; consecuentemente todos tenemos en nuestro interior la solución a los problemas, pero necesitamos de un vehículo que dirija nuestra mente para encontrar las soluciones que ella tiene guardadas para todos nuestros problemas.

Se ha comprobado que nuestra mente utiliza cinco pasos para analizar una situación o problema, y a través de esa secuencia lógica va descubriendo nuevos caminos. Es un proceso lógico deductivo y secuencial que le permite a nuestra mente descubrir progresivamente diversas formas de ver el tema, simplificar la complejidad de su solución y su segmentar la información con que se investigue.

Estos cinco pasos pueden resumirse de la siguiente manera:

Paso 1) Cuando se piensa, siempre se hace por un propósito. Define el problema.

Paso 2) Para ello se usan datos e información para dar un sustento (encuadra el problema).

Paso 3) Eso nos lleva a conocer las implicaciones o consecuencias del problema (nos hace ver los efectos del problema).

Paso 4) Para luego visualizar soluciones (soluciona el problema).

Paso 5) Finalmente con toda esa información se construye la pregunta clave que describirá el problema o situación con mayor certeza (crea nuevos horizontes).

Modelo integral para formular preguntas inteligentes

Sócrates creía que todos tenemos la capacidad para encontrar soluciones, pero éstas sólo pueden ser extraídas a través de alguien que te haya preguntas con una secuencia predeterminada, misma que coincide con los cinco pasos que utiliza la mente para analizar una situación y que acabo de describir.

El proceso que te presentaré a continuación te permitirá descubrir por ti mismo muchas de las soluciones que no veías anteriormente. Está conformado por cinco tipos de preguntas que harán pensar a la otra persona y con las que tendrás la posibilidad de conocer en qué piensa y obtener información que de otra forma no podrías conseguir. Si quieres tener éxito en tu vida profesional y personal es necesario que domines esta metodología socrática para hacer preguntas de contenido, que induzcan a los demás a responder con profundidad. También puedes aplicarlo, si lo necesitas, para resolver tus propios problemas personales.

Dado que cualquiera de las cinco dimensiones puede darnos la clave de la solución, cada una de ellas debe ser considerada cuando quieras hacer pensar a una persona acerca de un tema, tomar una decisión en tu vida personal, o resolver un problema o una negociación importante.

1. Preguntas para conocer el propósito o problema a resolver

- ¿Qué queremos obtener?
- ¿Cuál es mi problema, objetivo o meta?

Estas preguntas son clave, ya que no conocerás hacia dónde se dirige la discusión hasta que comprendas claramente el objetivo que se persigue. Sirven para esclarecer el objetivo del tema de una junta o reunión, incluso de una reflexión para resolver problemas personales. Partir de una meta clara permite saber qué rumbo tomará la conversación.

Ejemplos:

- ¿Cuál es el propósito de este tema?
- ¿Cuál es el propósito de esta reunión?
- ¿Cuál es el problema a resolver?
- ¿Qué tenemos que resolver hoy?
- ¿Cuál es el tema central de lo que vamos a hablar?
- ¿Cuál es la razón de esta agenda del día de hoy?
- ¿Qué problema personal quiero resolver?

Para el propósito se necesitan datos.

2. Preguntas de información

- ¿Con qué información contamos?
- ¿Qué información necesito para responder la pregunta o situación?

Hasta que no tengas suficientes datos acerca del tema, gráficas o estadísticas del problema, no podrás comprenderlo. La información, los números y los acontecimientos permitirán partir de una realidad. Para saber hacia dónde quieres ir, primero debes saber dónde estás situado.
Ejemplos:

- ¿En qué información basa su comentario?
- ¿Tiene alguna experiencia en ese tema?
- ¿Qué información tenemos para tomar esta decisión?
- ¿De dónde surge esta información? ¿Podemos validarla?
- ¿Qué datos históricos tenemos acerca de este tema?

Toda información nos proporciona datos que tendrán consecuencias.

3. Preguntas de implicación

- ¿Qué implicaciones tiene lo que quiero?
- ¿Cuáles son las implicaciones o consecuencias de mi razonamiento?
- ¿Qué efecto tiene?

Cuando surge un problema es necesario conocer las consecuencias e implicaciones que tiene, qué otras áreas de mi vida afecta ese problema o la decisión. Todo problema tiene un origen, pero puede tener consecuencias que afecten otras áreas o a otras personas; podría tener una mayor dimensión de lo esperado y causar otros daños si no se analiza con cuidado. Actúa inteligentemente y anticípate.

Ejemplos:

- ¿Qué implicaciones tiene lo que usted está diciendo?
- ¿Cómo afecta a los demás clientes ese problema?
- Si tomamos esa decisión, ¿qué podría pasar con los resultados esperados?
- ¿Usted sabe si habrá una consecuencia mayor por ese tema?
- ¿Qué otros aspectos pueden resultar afectados por esa decisión?

Las implicaciones te llevan a visualizar posibles las soluciones.

4. Preguntas visión

- ¿Cómo visualizo la solución?
- ¿Qué infiero o deduzco del tema? ¿De qué me doy cuenta?
- ¿Cómo lo quiero resuelto?

Nos permiten visualizar la solución final con la información que ya tenemos y analizar caminos alternativos. Ayudan a verbalizar cómo deseamos que se vea resuelto el problema, el tema en cuestión o el propósito personal.

Ejemplos:

- ¿Cómo veo el camino hacia la solución?
- ¿Cómo me gustaría ver resuelto el problema?
- ¿Qué alternativas veo para resolver el problema?
- Dados todos los puntos que se presentaron, ¿qué opciones veo?

La visualización de soluciones nos conduce a la solución y a tomar una decisión para resolver el problema.

5. Preguntas de acción

- ¿Qué acción tomaré?
- ¿Cuál es la pregunta clave que tengo que contestar para resolver el problema o situación?
- ¿Qué pasos debo dar?

Con la reflexión realizada hasta el momento tenemos suficiente información para llegar a una conclusión más profunda acerca del propósito y objetivo definidos en el inicio. Las reflexiones lógicas realizadas me permiten tener más claridad para mi solución. La quinta pregunta se construye con toda la información recabada de las cuatro preguntas anteriores.

Ejemplos:

- ¿A qué nos ha llevado este análisis? ¿Qué decisión debemos tomar?
- ¿Qué hemos obtenido finalmente con el proceso de reflexión lógica?
- ¿Qué podemos concluir? ¿De qué nos damos cuenta ahora?
- ¿Qué acciones tenemos que tomar después del análisis?

Puedes transitar por estas cinco preguntas más de una vez, de manera que te permitan descubrir cada vez más secretos ocultos acerca del tema que estás analizando, haciendo preguntas cada vez más profundas. Es un método que tiene etapas de análisis, que va de lo más general a lo más complejo, para resolver el problema. Son preguntas que requieren reflexión que te llevarán a tomar cada día decisiones más inteligentes.

Tu mente opera inteligentemente al tener ideas precisas, no puede encontrar soluciones en la incertidumbre. Cuando la mente tiene ideas claras surge de ella la *percepción selectiva*, es decir, ve exactamente lo que quiere y cómo quiere resolverlo, comienza a percibir en el universo

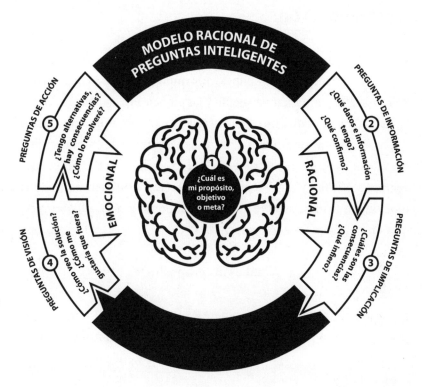

de opciones, selectivamente, lo que antes no veía por la generalidad del planteamiento del problema. La mente no ve lo que no está claro para ella, no le puede dar una solución a un planteamiento vago, incierto o lleno de dudas. En mis años de consultor he observado que todos los seres humanos, sin importar su educación o edad, tienen una idea general de lo que quieren de su vida, pero la mayoría no lo logra porque su mente no puede encontrar una solución a una percepción vaga o genérica de las metas a lograr. Todo queda en ilusiones, deseos, anhelos, en rezar para que suceda, pero su mente se paraliza, no puede encontrar los caminos y su vida queda estancada en las buenas intenciones. Sólo a través del análisis racional que te acabo de presentar podrás focalizar tu mente en la magia de la visualización de una idea y de su solución. Sócrates tenía razón, por ello creó este modelo de preguntas para sacar a la luz la solución que tu mente tiene escondida.

Lógica y emoción

Al aplicar el *proceso racional de preguntas inteligentes*, la lógica y las emociones desempeñan un papel muy importante. La lógica permitirá analizar la situación racionalmente y las emociones ayudarán a conocer el nivel de involucramiento y de energía con el compromiso contraído.

Las Preguntas de Información y las Preguntas de Implicación nos permitirán incursionar a través de un mapa lógico. Por su parte, las Preguntas Visión y las Preguntas de Acción conformarán el mapa emocional que hará posible que conozcamos el grado de compromiso y pasión para que las cosas sucedan.

¿Cuál es mi propósito?

Hagamos un ejercicio. Supongamos que te haces la siguiente pregunta: ¿Cuál es mi propósito? Lo defines y luego continúas con las siguientes cuatro preguntas. Supongamos que tu propósito es *encontrar la felicidad.*

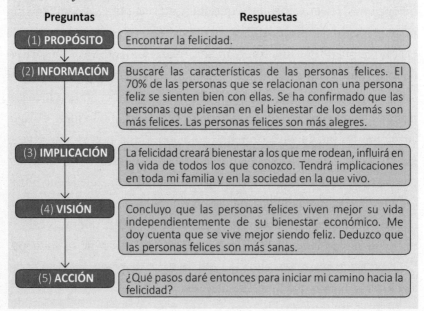

Preguntas	Respuestas
(1) PROPÓSITO	Encontrar la felicidad.
(2) INFORMACIÓN	Buscaré las características de las personas felices. El 70% de las personas que se relacionan con una persona feliz se sienten bien con ellas. Se ha confirmado que las personas que piensan en el bienestar de los demás son más felices. Las personas felices son más alegres.
(3) IMPLICACIÓN	La felicidad creará bienestar a los que me rodean, influirá en la vida de todos los que conozco. Tendrá implicaciones en toda mi familia y en la sociedad en la que vivo.
(4) VISIÓN	Concluyo que las personas felices viven mejor su vida independientemente de su bienestar económico. Me doy cuenta que se vive mejor siendo feliz. Deduzco que las personas felices son más sanas.
(5) ACCIÓN	¿Qué pasos daré entonces para iniciar mi camino hacia la felicidad?

Te invito a que reflexiones acerca de un propósito en tu vida personal y/o profesional. ¿Qué propósito importante tienes que hace mucho deseas resolver, qué meta u objetivo deseas alcanzar, qué deseas reflexionar a través del proceso de cinco pasos? ¡Buena suerte! La clave es que comprendas que "todo pensamiento lleva consigo un propósito". Éste es el que te llenará de energía y pasión para encontrar el camino de tu realización. Una vez definido el propósito, continúa con el resto de las preguntas para encontrar la solución del problema. El proceso te permitirá ir de lo general al pensamiento más elaborado. Al finalizar tendrás nuevos caminos para llegar a él.

Hazte la pregunta antes de preguntar

Para aplicar el modelo socrático, necesitas aclarar tu mente para hacer preguntas correctas como: ¿Qué quiero con esa pregunta? Quiero datos, quiero motivar, quiero involucramiento, quiero soluciones alternas, quiero tendencias. ¿Qué quiero realmente obtener a cambio?

Antes de hacer la pregunta define el objetivo y qué quieres obtener, y luego construye la pregunta.

a) **Define el objetivo de la pregunta para saber cómo estructurarla.**
Pregúntate:

- ¿Qué es lo que quiero exactamente con esta pregunta?
- ¿Necesito hacer preguntas directas?
- ¿Quiero una respuesta rápida o profundizar en el punto?
- ¿Quiero motivarlos con esta pregunta?
- ¿Sus respuestas determinarán la decisión final que yo tome o es informativa?

b) **Define qué quieres obtener y luego construye la pregunta.**

- Quiero definir las causas del problema: ¿Cuáles son las causas del problema que hoy tenemos? ¿Dónde surgieron y por qué?
- Quiero definir un plan con mi grupo: ¿Qué pasos debemos dar para resolver el problema y evitar que se repita?

La respuesta es la pregunta

Antes de preguntar, piensa: ¿Qué respuesta deseo obtener? "El secreto para obtener una buena respuesta está en hacer una buena pregunta". Cuando la pregunta es superficial no puedes obtener más que respuestas sin contenido. Por ello, cuando realices una pregunta en la que quieras escuchar ideas concretas o mayor compromiso, es necesario que primero pienses en qué tipo de respuesta quieres recibir. Debes pensar inteligentemente para obtener la información que quieres. No me refiero a que encuentres la respuesta que más te guste, sino al contenido de la respuesta que es conocer la verdad, por más cruda que sea, no lo que tú quieres escuchar. El propósito es que la información de la otra persona sea un recurso para que puedas convencerlo o llevarlo adonde tú deseas.

A continuación te presentaré tres tipos de preguntas que te permitirán obtener tres tipos de respuestas distintas.

1. Preguntas para obtener datos

¿Deseas respuestas precisas? Requieres de preguntas de las que obtengas información con datos concretos.

Úsalas cuando necesites respuestas con números y tendencias que estén respaldadas. Por ejemplo, temas numéricos, gráficas, estadísticas; en general, datos cuantitativos. Espera de la otra persona una respuesta exacta, no puntos de vista. La persona al responder debe saber de lo que habla, no creer o imaginar. No son supuestos, son hechos.

Ejemplos:

- ¿Cuántas piezas se fabricaron hoy?
- ¿Cuál es volumen de ventas de la zona cuatro?
- ¿Cuántas veces hemos tenido este problema?

2. Preguntas para obtener la opinión personal

¿Deseas respuestas de opinión? Necesitas preguntas que te permitan conocer lo que piensa o siente la persona acerca del tema. Son útiles también para conocer el nivel de compromiso de la persona.

Empléalas cuando te interese la opinión de tu grupo de trabajo o de la otra persona, su criterio personal, su punto de vista, lo que piensa o siente al respecto; harás grandes descubrimientos. Las respuestas subjetivas cambian de acuerdo a la persona. "Cada cabeza es un mundo", dice el refrán.

Ejemplos:

- ¿Cuál es tu opinión acerca del nuevo producto?
- ¿Cuál te gusta más?
- ¿Me puedes decir a cuál te refieres?

3. Preguntas descriptivas o de encuadre

¿Deseas respuestas informativas? Necesitas construir una pregunta para la que la respuesta describa la situación, la información con que se cuenta.

Hazlas cuando requieras una descripción de lo que sucede, si necesitas información de lo que ha sucedido durante el proceso. La información te permitirá tener un marco de referencia acerca de lo que ha sucedido y separar la información de lo que *no* ha sucedido para enfocarse en lo que *sí* es el tema. Para ello se requiere: descripción, qué es, quiénes están involucrados, dónde *no* está el problema. Una visión global del tema.

Ejemplos:

- Por favor, descríbeme qué sucedió.
- ¿Cuál era la situación en el momento en que sucedieron las cosas?
- ¿Quiénes estaban involucrados en el tema?

LA RESPUESTA DEPENDE DE LA PREGUNTA

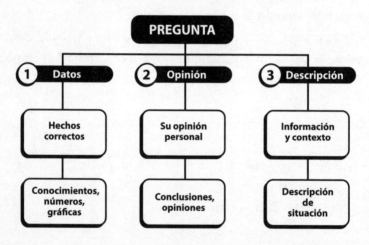

Clarifica y vuelve a clarificar la información que recibes

Durante todos los capítulos del libro observarás que insisto en la clarificación y conclusión en todas las etapas de una junta, conversación o entrevista. Puedes aplicarla en tu vida profesional o en tus relaciones personales. La clarificación es crucial dado que cada persona hace una interpretación de las cosas, inclusive tú mismo. No interpretes: puedes estar interpretando una respuesta malintencionada. Confirma: puedes haber comprendido erróneamente. La clarificación te llevará a tener negociaciones, juntas y conversaciones más certeras y exitosas.

Cuatro pasos para una buena clarificación

1. Escucha
Escucha con mente abierta con el interés de comprender, sin juicios. Observa cómo la persona que está frente a ti encuadra el tema, con el fin de comprender el contexto y no sólo los detalles. Tendrás que desarrollar un *zoom*, como el de cámaras fotográficas, que te permita ver detalles, y el "gran angular" que te ayude a ver el panorama total del tema planteado. No interrumpas, sólo comenta para profundizar acerca de lo que está diciendo la persona.

2. Reconoce
Aprende a reconocer los diferentes puntos de vista acerca del tema y luego exprésalos con tus propias palabras, con el fin de confirmar que comprendiste lo que quiso decir y de que conozcan tu visión acerca del punto. No es un juicio o imposición, sólo están comprendiendo e intercambiando interpretaciones.

3. Evalúa
La evaluación es para confirmar la información cuantitativa, basada en datos, lógica y relevancia, e identificar las consecuencias, para prevenir problemas y disminuir el riesgo de la decisión.

4. Expresa

Manifiesta tu punto de vista y resume tu tema. Finalmente confirma que han comprendido lo que dijiste.

En suma la clarificación te permite evitar una mala interpretación y te proporciona recursos para sintetizar los temas centrales del diálogo.

CONSEJOS

- Reflexiona en la importancia del pensamiento lógico y su utilidad.
- Memoriza los componentes del modelo integral para formular preguntas inteligentes y aprende a hacer las preguntas de cada tipo.
- Pregúntate siempre qué tipo de respuesta necesitas para hacer la pregunta indicada.
- Recuerda que es indispensable clarificar para poder resolver los problemas eficientemente.
- Ejercita las cinco preguntas del razonamiento lógico aplicadas a un caso personal.

TAREAS

- En tu próxima junta o reunión, define qué tipo de respuestas deseas y construye tus preguntas.
- Define un problema personal y luego aplica los cuatro pasos de la clarificación.
- Haz una lista de preguntas para obtener respuestas precisas, otra para obtener respuestas de opinión y una más para obtener respuestas informativas.

CAPÍTULO 8

NEGOCIA COMO SÓCRATES

EN ESTE CAPÍTULO

- Conocerás las etapas del ciclo de negociación e identificarás qué tipo de preguntas aplicar en cada una de ellas.
- Aprenderás a hacer preguntas para satisfacer las necesidades de la contraparte.
- Sabrás cómo sortear los obstáculos que pongan tus clientes en las negociaciones mediante la formulación adecuada de preguntas.
- Aprenderás que el proceso de negociación tiene una secuencia lógica y evolutiva para cerrar un negocio.
- Sabrás cómo obtener información de tus clientes durante la entrevista.
- Conocerás que no todas las preguntas tienen el mismo impacto en la mente de la otra persona.
- Identificarás las técnicas de preguntas de los entrevistadores de la CIA.

El secreto es saber

Si tu interés es persuadir a un cliente, tienes la obligación de no hacer suposiciones acerca de sus necesidades. Si quieres tener éxito como negociador no debes suponer, sino saber. Los supuestos surgen cuando algo da sentido a lo que piensas, pero puedes estar equivocado. Sin embargo, es necesario que también tenga sentido para las otras personas que participan en la negociación. Si asumes lo que otros dicen, estás infiriendo que ellos saben lo que quisieron decir. Al final nadie está seguro de lo que dice uno y otro. En ocasiones tu sensibilidad y experiencia pueden llevarte a inferir correctamente y tendrás éxito, pero cuando estés ante una gran negociación no debes correr ese riesgo porque puedes perder la oportunidad que tienes en tus manos.

Para prescindir de las suposiciones debes aprender a escuchar con mucha atención lo que dice tu cliente y observar el lenguaje que utiliza. Cuántas veces has escuchado que tu cliente concluye con algo totalmente diferente a lo que tú esperabas. Muchas de nuestras suposiciones ocurren en nuestro inconsciente, esto es, ni siquiera nos damos cuenta de ellas y creemos que nuestro interlocutor dijo una cosa, cuando en realidad se refería a otra distinta.

Si un cliente te dice: "Contamos con poco presupuesto", y tú respondes: "No se preocupe, podemos mejorar el precio y además contamos con promociones especiales", es porque supones que con precio bajo él tomará una decisión favorable. Pero sólo podrás descubrir la intención de la persona si realizas las preguntas adecuadas. Al menos deberías preguntar: "¿Cuál es su presupuesto? ¿Qué es exactamente lo que desea resolver? ¿De qué monto estamos hablando?"

Tú puedes suponer muchas cosas: "Quiere manipularme", "si tiene poco dinero, entonces con una propuesta más económica cerraré el negocio", "todos los clientes dicen lo mismo", etcétera. En los negocios no se debe suponer, debes confirmar, para saber.

"Debes desarrollar la disciplina de hablar sólo de lo que sabes, y preguntar lo que no sabes". Muchos negociadores realizan la presentación de su propuesta suponiendo los criterios de decisión de sus clientes. Éste es un error heredado del viejo modelo de negociación, en el que el vendedor se presenta para ver qué necesita su cliente, con base en un reporte histórico de los promedios de compra de dicho comprador en el último trimestre.

Pero recuerda que en la actualidad estás negociando con una persona mejor informada que tú acerca del mercado y sus competidores: un comprador que tiene acceso a información de todas las empresas imaginables del país y del mundo. Hoy a esos compradores hay que orillarlos a pensar, ya que todos los días reciben muchas ofertas y sostienen una gran cantidad de entrevistas con nuevos competidores.

El proceso de formular preguntas

El proceso de formular preguntas nos permite indagar acerca de las necesidades de nuestros clientes. Éstos pueden conocer sus propias necesidades en forma explícita o pueden estar inmersos en un problema que desconocen. Muchos pueden estar satisfechos con su proveedor actual y desconocen que pueden hacer mejores negocios con costos menores y con mayores ganancias. Si esos clientes están en un error sin saberlo, la labor de quien negocia es ayudarlos a descubrir la falla. Nadie cambia de proveedor si no tiene conciencia de que está en un problema, o que puede mejorar sus condiciones si adquiere otro producto o contrata otro servicio. No conozco a nadie que tome una aspirina si no siente un dolor. El cliente debe saber que está en peligro y, a partir de esa circunstancia, sentirá la inquietud por no tener lo mejor para satisfacer sus necesidades. ¿Cuántos clientes se quedan con el mismo proveedor durante años hasta que un ejecutivo les demuestra que están pagando un precio mayor del necesario? Ambos tienen un mismo objetivo: resolver el problema.

Para hacerlo necesitan trabajar en la elaboración de un diagnóstico, más que en el análisis de una oferta.

El síndrome del 50%

Hemos detectado en numerosas intervenciones en empresas de diversos ramos que hablan más de lo que saben, es decir, hablan de lo que conocen, que generalmente es de su producto. Como no conocen las necesidades de su cliente, en lugar de formular preguntas inteligentes se dedican a hablar y a hablar. Invierten 50% de la entrevista en ello. La realidad es que quien hace más preguntas es el cliente: 22%. Por lo tanto, quien termina siendo entrevistado es el ejecutivo que vino a ofrecer un negocio.

EL SÍNDROME DEL **50%** AL IDENTIFICAR LA CLAVE DE LA NEGOCIACIÓN

El negociador habla del tema **50%**

El negociador establece otros fundamentos **13%**

El negociador plantea preguntas **15%**

La contraparte habla **22%**

En consecuencia, el negociador, entre ofrecer su producto y además dar los fundamentos de su propuesta, utiliza en promedio 63% del tiempo de la entrevista. La mayoría de los ejecutivos terminan siendo dominados por los clientes, pues no tienen el hábito de hacer preguntas para obtener información. El cliente, a través de sus preguntas, termina con la mayor parte de la información, y el ejecutivo que vino a negociar se queda sólo hablando de su producto y no del cliente, que es a quien necesitamos hacerle una oferta de valor.

El modelo aplicado a negociaciones

En el capítulo anterior explicamos el Modelo Racional de Preguntas Inteligentes, ahora lo retomaremos para exponer la secuencia lógica de una entrevista de negociación.

Las preguntas que analizaremos en este capítulo se integran a un grupo de preguntas inteligentes orientadas a encontrar una solución al problema del cliente.

Modelo racional aplicado a la negociación
1. Preguntas de entrada (Para conocer la situación del cliente).
2. Preguntas problema (Conocer el dolor del cliente).
3. Preguntas de implicación (Identificar las consecuencias del problema del cliente).
4. Preguntas visión (Visualizar los escenarios de solución).
5. Preguntas compromiso (Cerrar la negociación).

El siguiente es un proceso que puedes utilizar de manera dinámica. Es decir, cuando hayas dominado todas las técnicas de preguntas inteligentes, podrás emplearlas indistintamente en el momento en que lo consideres necesario. Todas esas preguntas forman un bloque integral que puedes dividir en partes para dominar el modelo. Cuando las hayas aprendido, instintivamente las aplicarás de manera automática en tus negociaciones y también en tu vida personal.

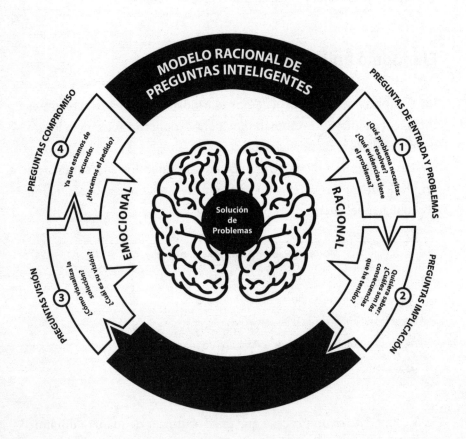

El proceso natural de una negociación

En una negociación hay una secuencia lógica, aunque podrías decir que todas son distintas. Lo anterior significa que debes dominar todas las técnicas por igual para formular preguntas posibles y utilizarlas en el momento en el que las necesites.

Para hacerlo tienes que elaborar una gran cantidad de preguntas con relación a tu objetivo de negociación y tener presente el propósito que tendrá cada una de ellas. Algunas sirven para obtener información, otras para comprometer al cliente, unas más para confirmar datos o para cerrar el negocio. Todas son muy útiles y se pueden aplicar de manera indistinta, dependiendo de la madurez de la negociación y de su complejidad. Veamos con detenimiento los siguientes pasos.

1. Preguntas de entrada y de problemas

Etapa: Se utilizan al inicio de la entrevista.

Objetivo: Indagar la situación en que se encuentra el cliente. Conocer qué puntos de entrada existen que te inducen al problema e identificar oportunidades de negocio.

Las preguntas de entrada permiten saber cuál es la situación del cliente; tener información de él y de su negocio; saber si utiliza productos o servicios como los que ofreces. Dan oportunidad de saber si está satisfecho con su proveedor; también ayudan a conocer si su empresa está en expansión o si algún área de su negocio tiene problemas. También permiten conocer al competidor que lo atiende: qué producto y qué servicio compra y cuánto consume.

Ejemplos:

- ¿Hace cuánto tiempo tiene esta responsabilidad en la empresa?

- ¿Cuáles son las políticas de su empresa con relación a lo que vamos a negociar?
- ¿Su empresa tiene más oficinas en el país?
- ¿Tiene muchos proveedores? ¿Cuáles son las condiciones de su relación de negocios?
- ¿Me permite mostrarle cómo ayudamos a las empresas en proyectos como el suyo?
- ¿Qué le interesa, además de un servicio como el nuestro?
- ¿Está familiarizado con el tipo de propuestas que nosotros tenemos?
- Me interesa su opinión. ¿Cuál es su punto de vista?

Puntos de entrada:

- ¿Con quiénes trabajan actualmente? (Saber contra quién compites en la negociación.)
- ¿Tiene algún problema con ellos? (Identificar espacios de entrada.)
- ¿Qué productos o servicios manejan? (Conocer si necesitan otros complementarios.)
- ¿Qué servicio o producto no utilizan? (Buscar oportunidades de venta.)
- ¿Cuánto consumen? (Conocer el volumen de la negociación.)
- ¿Cuáles son sus necesidades más frecuentes? (Conocer la prioridad de sus necesidades.)
- ¿Busca algo diferente para su negocio? (Saber en qué está pensando el cliente.)
- Dígame, ¿cuál ha sido su experiencia al utilizar productos como los nuestros? (Identificar eventuales problemas de aplicación.)

Luego de las primeras preguntas de entrada en una entrevista de negociación, con frecuencia los clientes se apresuran a indagar acerca del producto, por su precio o manifestando lo que necesitan; es decir, comienzan por la solución: "Lo que yo necesito…", "¿ofrecen el servicio de entregas urgentes?", "¿cuánto cuesta?", "¿qué descuento me harían?", "¿entregan sin costo adicional?".

Si escuchas con atención, notarás que el cliente omite la razón de su interés: quiere matar al toro antes de la faena, quiere saber todo sin darte información de la razón de su interés. Como negociador debes preguntarte acerca de lo que dice el cliente: "¿Qué quiere decir con lo que dice? ¿Cuál es su problema real? ¿Qué quiere resolver? ¿De qué volumen estamos hablando?"

Frente a lo anterior debes contraatacar al cliente de inmediato con *preguntas de clarificación*, o bien con *preguntas problema*, que abordaremos enseguida.

Preguntas de clarificación:
Como dijimos, las preguntas de clarificación tienen el propósito de descubrir por qué la otra persona dice lo que dice, para tratar de entenderlo con claridad. Sirve para evitar generalidades y no divagar.

- ¿Qué significa para usted disponer del producto en cinco días?
- ¿Por qué es tan importante el servicio de 24 horas?
- ¿Por qué me hace esa pregunta? ¿Tiene algún problema específico?
- ¿Me puede aclarar su comentario?
- ¿Me puede dar un ejemplo de ese tipo de situaciones?

Soluciones prematuras:
El 90% de los negociadores comienza proponiendo una solución prematura. Te aconsejo: no lo hagas, pues aún no estás preparado. Si tu cliente te acorrala y no tienes otro camino, mejor pregúntale: "¿Por qué piensa que ésa es la mejor solución?", "¿cuál es el problema en detalle?". El objetivo de estas preguntas es propiciar que reflexione.

Consecuencias de ofrecer soluciones prematuras:

- Reduce las posibilidades de proponer la mejor solución a un problema.
- Elimina la posibilidad de sostener negociaciones con otras personas de la empresa para conocer más detalles de la necesidad que se debe atender.
- Se pierde la ocasión de realizar una nueva ronda de negociación.
- Reduce la posibilidad de justificar el costo de tu propuesta.
- No podrás ofrecer una solución integral y lograr más de lo que piensas.
- No conocerás otras oportunidades para ampliar la oferta de la negociación.

En conclusión, siempre *evita los cierres prematuros.*

CONSEJOS

- Recuerda que tu objetivo es identificar en qué área de la empresa de tu cliente puedes agregar valor.
- Ten presente que cualquier cliente tiene problemas y una expectativa de solución. Debes descubrirlos.
- Busca información que te indique dónde hay oportunidades de negocio.
- Documéntate acerca de quién es la persona con la que negociarás antes de abordarla.
- Inicia la negociación con preguntas generales.
- Cuida tu primera impresión.
- Evita cerrar la negociación en esta etapa, es prematuro y desconoces el nivel de sus necesidades.

- Ten presente que sólo estás realizando un reconocimiento del campo de batalla.
- Evita ofrecer soluciones prematuras.

2. Preguntas problema

Etapa donde se usan estas preguntas: Después de identificar los puntos de entrada mediante los cuales el cliente muestra los primeros síntomas de una necesidad y un problema a resolver.
Objetivo: Descubrir el problema del cliente y las necesidades que tiene para solucionarlo.
Palabras clave: ¿Qué? ¿Cuál?

Las preguntas problema suelen contener varios subproblemas. Con ellas buscamos identificar las situaciones que el cliente quiere resolver o las necesidades que expresa durante la negociación. Cuanta más diversidad de problemas y consecuencias descubras, mayor será la complejidad y la oportunidad de esta negociación. Muchos clientes no quieren demostrar su problema porque sienten que se exponen, que están mostrando sus cartas. La mayoría de ellos prefiere sentir que compran y no que le están vendiendo. El proceso de formular este tipo de preguntas sirve para que el mismo cliente vaya descubriendo sus propios problemas durante la negociación. Las preguntas en sí mismas constituyen un proceso inductivo de reflexión que tiene su destino en el cliente.
Ejemplos:

- ¿Qué le preocupa más acerca de su problema?
- ¿Qué dificultad encuentra en su negocio?
- ¿Existe algún riesgo con el tipo de sistemas que utiliza actualmente?
- ¿Qué tipo de problemas tiene con el pago a sus proveedores?

- ¿Qué costo tiene que mantener su nivel de inventario actual?
- ¿El sistema de distribución le permite llegar a tiempo con sus clientes?
- ¿Qué problema recurrente tiene con su personal?
- Por lo que comenta, su sistema no está protegido, ¿es correcto?
- Si resolvemos ese problema, ¿qué diferencia habría para su negocio?

Problemas con los tiempos:

- ¿Antes ha tenido problemas con el sistema que utiliza?
- ¿Con qué frecuencia ha tenido pérdidas por mal funcionamiento?
- ¿En qué momentos no ocurre este problema?
- ¿Cuánto tiempo lleva en esas condiciones?
- ¿Cuán urgente es para usted resolver este problema?

Problemas de actitudes:

- ¿El problema se encuentra en el sistema o en la forma en que se aplica?
- Del 1 al 10, ¿cómo calificaría el conocimiento de su personal para aplicar el sistema?
- ¿Qué tendría qué hacer diferente su personal para que no continúe teniendo el mismo problema?
- ¿Ustedes controlan el proceso o lo hacen mediante un *outsourcing*?
- ¿Cómo cree que influya la gente nueva en el problema?

Evidencias del problema:

- ¿Cómo define el problema que hoy tiene?
- ¿En qué se evidencia?
- ¿Dónde lo observa?

- ¿Cómo se da cuenta de que existe?
- ¿Cómo sabe que ése es el problema?
- ¿Quiénes son los afectados?

En la práctica:

- Cliente: ¿Cuentan ustedes con un sistema para control de inventario?
- Negociador: Por supuesto, ¿qué problemas quiere resolver con sus inventarios?

Preguntas de clarificación:

- Ayúdeme a entender, ¿qué es exactamente lo que necesita para su operación internacional?
- Cuando dice que quiere mejorar su servicio, ¿quiere decir que no está satisfecho con su situación actual? ¿Quién es su proveedor?
- Descríbame cuáles son sus problemas más frecuentes.
- Si entiendo correctamente, ¿usted afirma que tiene otras necesidades que no han sido cubiertas?
- Para poder entender mejor, ¿me puede indicar de qué volumen es la negociación que estamos hablando?
- Si entiendo bien, lo que usted dice es que la forma en que lo atienden no es la adecuada, ¿cómo necesita recibir sus pedidos y cómo los procesa?

3. Preguntas implicación

Etapa donde se usan estas preguntas: Se utilizan cuando ya tenemos identificados los problemas.

Objetivo: Descubrir el problema principal del cliente y cuál es el daño que produce a su empresa.

Palabras clave: ¿Cuánto? ¿Cuál es la dimensión del problema? ¿De qué magnitud es el problema?

Las preguntas de implicación permiten descubrir durante la negociación el problema principal y determinar su gravedad, además de conocer sus consecuencias colaterales. Todos los problemas tienen secuelas económicas o implican pérdida de oportunidades, lo cual se descubre a través de las preguntas de implicación.

El cliente siempre querrá reducir las pérdidas económicas que provoca un problema e invertirá lo que sea posible para disminuir el daño colateral que propicia ese problema. Un buen negociador tiene que hacer ver al cliente la situación por medio de este tipo de preguntas.

Las preguntas de implicación están ligadas a cierres de grandes cuentas y le proporcionan al cliente la claridad acerca de por qué es importante que cambie de proveedor. Se trata de preguntas más complejas que las preguntas de entrada que se hacen al inicio, o las preguntas problema.

Ejemplos:

Medibles

- ¿Con qué frecuencia ocurren esos problemas?
- ¿Cuánto pierde? ¿Cuánto deja de ganar?
- Por curiosidad, ¿qué sucedería si demora la solución de este problema?
- ¿Cuán grande ha sido el daño por no tener un buen sistema?
- ¿Qué otras áreas se han visto afectadas?
- ¿Qué consecuencias ha tenido en su productividad?
- Si no tuviera ese problema, ¿cuánto ganaría anualmente?
- ¿Cuántos clientes ha perdido como consecuencia de ese problema?

- ¿Me puede describir las consecuencias que ese problema ha tenido en el último año?

No medibles
- ¿Cómo ha afectado a sus clientes?
- ¿Cómo se llegó a este nivel de incumplimiento?
- ¿Qué le preocupa más de ese problema?
- ¿Cuál de esos problemas afecta el clima de trabajo?

Para ampliar el tema de la negociación:

- Coménteme, ¿cómo se comporta el sistema?
- Descríbame, ¿cómo ha sido el problema?
- ¿Cómo explica lo que está sucediendo?
- Dígame, ¿en qué otras áreas lo observa?
- ¿Qué otros daños produce ese problema?

En la práctica:

- Cliente: El actual sistema de nóminas que tenemos no me ofrece un reporte global de todo el país.
- Negociador: ¿Cómo le afecta no tener ese reporte global? ¿Por qué es tan importante ese reporte?

En esta etapa un buen negociador que sabe formular preguntas debe expandir el conocimiento del problema lo más posible, haciendo varias preguntas.

- Cliente: No tener un reporte global me afecta porque perdemos tiempo, ya que se tiene que elaborar por zonas.
- Negociador: ¿Cuántos días se demoran al hacerlo así? ¿Cuál es el costo de elaborarlo por zona? ¿Cuántos empleados tienen en cada región? ¿Cuánto le cuestan los errores de mano de obra?

Tú como negociador debes continuar haciendo preguntas en la medida en que tu cliente responda. Cuanto mayor sea el tamaño del problema, mayor será la posibilidad de proponer soluciones integrales, porque sabrás cuánto le está costando un sistema inadecuado para su empresa. Y en la medida en que el cliente expanda las consecuencias de su problema, expondrá los problemas adicionales ocasionados por no tener un sistema integral.

- Cliente: *Problema 1*. Demoro cinco días en tener en mi poder la nómina completa. *Problema 2*. Tengo 10 empleados para procesar la nómina en cada lugar. *Problema 3*. Cuando no entregan a tiempo la nómina, afecta mi flujo de efectivo y en muchos casos tengo que recurrir a una línea de crédito directa que tengo para cubrir la nómina atrasada.

El negociador, con base en esas tres respuestas anteriores acerca del problema, deberá descubrir el problema principal.

- Negociador: ¿Cuál de esos problemas le afecta más? ¿Cuál es el que más le afecta?
- Cliente: El tercero.

Con esta respuesta, el cliente identificará su problema principal y hará cualquier cosa por resolverlo.

Preguntas de clarificación:

- ¿Hay algo más de su problema que le afecta?
- Si entendí bien, ¿los problemas son éstos?
- De todos sus problemas, ¿cuál es el que le preocupa más?
- Por lo que le escuché, este problema le está costando 20% más cada año. ¿Correcto?

CONSEJOS

- Identifica las implicaciones medibles y profundiza en ellas todo lo posible.
- Invierte tiempo y no te salgas del tema.
- No dejes que la negociación se desvíe del asunto principal.
- Recuerda que si el impacto económico es bajo, ¡no habrá ventas!
- Toma en cuenta que si la implicación es débil, debes invertir más tiempo o profundizar en otros problemas más graves que justifiquen la negociación.
- Analiza el problema en todas sus partes.
- Recuerda que nadie toma una aspirina si no tiene un dolor fuerte.

4. Preguntas visión

Etapa donde se utilizan estas preguntas: En una negociación, cuando ya tienes claras las necesidades del cliente y ya conoces su problema principal. Éste es el momento de pasar a la etapa de compromisos y soluciones.
Objetivo: Lograr que cierres una negociación de la forma en que el cliente quiere resolverlo.
Pregunta clave: ¿Cómo?

Las preguntas visión ayudan a visualizar la solución al problema durante la negociación. La respuesta del cliente a ese tipo de preguntas expresará las razones por las cuales estaría dispuesto a trabajar con nosotros, y no con la competencia. Dicha respuesta lo compromete, ya que implica los motivos por los cuales estaría dispuesto a comprarnos. Una respuesta fidedigna del cliente te está diciendo que comprará si tú lo haces como él desea. Nuevamente: Negocia de la forma en que el cliente quiera comprar.

Estas preguntas evidencian el lado emocional de las personas; sacan a relucir sus sentimientos y aspiraciones.

Ejemplos:

- ¿Qué tipo de solución está buscando?
- ¿Cómo visualiza esa solución?
- Específicamente, ¿cómo le gustaría medir los resultados?
- Según usted, ¿cuál sería la mejor opción?
- ¿Lo quiere tal como la muestra?
- ¿Deme un ejemplo de cómo lo desea?
- ¿Cómo se imagina el problema resuelto?
- ¿Qué idea tiene para implementar una solución?
- ¿Cuáles serían para usted las mejores opciones de solución?
- Ya que éste es el problema que quiere resolver, ¿qué espera recibir de nuestro servicio?
- Al parecer en la solución hay algo que le importa mucho, ¿por qué no me habla más acerca de ese tema?

Descubre lo que la otra persona quiere evitar con su visión:

- ¿Qué **no** le gustaría que sucediera en el próximo embarque?
- ¿Qué **no** está dispuesto a recibir del servicio?
- ¿Qué **no** quiere que suceda nuevamente?
- ¿Qué problemas potenciales imagina?

Descubre lo que siente con su visión:

- ¿Cómo se sentiría con la solución, tal como la planteo?
- ¿Qué beneficio obtendría con esa idea que me describe?
- ¿Cómo cree que se sentirían sus clientes?
- ¿Por qué es tan significativa para usted esta solución?
- ¿Qué perdería si no resuelve su problema?

En la práctica:

- Negociador: ¿Cuál cree usted que sea una buena solución a su problema? ¿Cómo quiere resolver el problema de rotación del inventario?

Preguntas de clarificación:

- ¿Hay algo más que le interese solucionar?
- Si entendí bien, ¿lo que quiere es…?
- ¿Eso es todo?
- ¿Cuál es su solución ideal?
- Si estamos de acuerdo, déjeme hacer una pregunta: ¿cómo visualiza nuestra relación de negocios a largo plazo?

CONSEJO

No propongas una solución hasta que utilices las preguntas visión, con el objetivo de que el cliente exprese con qué tipo de solución está dispuesto a trabajar contigo; excepto que el cliente exprese su visión sin que tú le hayas preguntado. Lo que importa es que tú sepas cuál es la manera en la que él quiere que se resuelva el problema.

5. Preguntas compromiso

Etapa donde se utilizan estas preguntas: Cuando se busca cerrar la negociación.
Objetivo: Lograr que el cliente se comprometa con la compra. Crear condiciones para que el cliente acepte tu oferta.
Palabra clave: ¿Cuándo?

Con las preguntas compromiso aflorarán todas las dudas que no hayas resuelto mediante las preguntas problema, las preguntas implicación y las preguntas visión. En esta etapa deberás utilizar todas las evidencias acerca de la necesidad expresada por tu cliente durante la entrevista.

En esta etapa surgen las objeciones y comienza el estira y afloja de la negociación.

Ejemplos:

- Ya que estamos de acuerdo con el problema que desea resolver, ¿podemos cerrar el negocio?
- ¿Cuándo podemos comenzar a trabajar en su proyecto?
- ¿Cuándo podemos tener su aprobación?
- ¿Desea que comencemos cuanto antes o quiere que lo hagamos en partes?
- ¿Con cuánto considera que podemos iniciar?
- Ya que hemos analizado el problema y la solución, ¿contamos con su aprobación?
- Ahora que ya sabe lo que necesita y cuán importante es para usted, ¿cuándo quiere comenzar?
- De todo lo que hemos hablado, ¿qué le interesa más?

Promesa de compromiso:

- Si le resuelvo el problema que me plantea, ¿podemos comenzar a trabajar?
- Si hacemos una prueba piloto y lo convence, ¿podemos hacer el pedido?
- Si le traigo una carta garantía del servicio, ¿estaría dispuesto a trabajar con nosotros?
- Si me comprometo a cumplir sus condiciones, ¿podemos ser su proveedor?

En la práctica:

Ejemplo 1
Negociador: Usted me dijo que su problema era el costo de la nómina, ¿correcto?
Cliente: Sí.
Negociador: También me dijo que su mayor problema era el costo de las operaciones, ¿correcto?
Cliente: Sí.

Mientras más respuestas afirmativas obtengas con este método, tus probabilidades de cerrar el negocio aumentarán. Si durante las etapas anteriores de la entrevista no obtuviste la información suficiente, por medio de las preguntas de implicación, tendrás problemas al formular las preguntas compromiso, ya que el problema que diagnosticaste puede ser muy débil y no justifica el cambio que le sugieres al cliente.

Ejemplo 2
Negociador: Si nosotros resolvemos el problema como usted lo quiere, ¿podemos comenzar a trabajar?

Si el cliente responde afirmativamente a esta pregunta, deberás comenzar a ofrecer tu propuesta de negocio para crear un compromiso con el cliente o agendar otra entrevista para presentarle un anteproyecto. Todo dependerá de la complejidad de la negociación que estemos manejando.

Posibles actitudes del cliente:
A pesar de las evidencias que nos proporcionó el cliente durante la conversación, éste puede adoptar las siguientes actitudes.

a) Se inclina por ignorar nuestra oferta.
   • Por lealtad a su proveedor.

- Porque no fuimos muy convincentes durante la entrevista.
- Porque no profundizamos en su problema con nuestras preguntas.

b) No quiere asumir riesgos.
- Por temor a que no cumplamos.
- Está inseguro y debe consultar.
- Por temor al cambio.
- Desea escuchar las ofertas de otros proveedores.

c) Asume que su problema no es muy grave.
- Tiene otros problemas más importantes.
- Debe resolver antes otros problemas.
- El problema no justifica cambiar de producto.

Para subsanar cualesquiera de las tres opciones anteriores, debes hacer preguntas firmes, directas y reflexivas para obtener la información que oculta el cliente. De inmediato, sin dudar, ¡ya! Si no perderás la negociación.

- Aún no lo veo convencido, ¿qué ocurre?
- ¿Qué le inquieta de nuestra propuesta?
- ¿Qué de lo que le he expuesto aún no lo convence?
- ¿Quiere pensarlo? En el fondo, ¿cuál es su duda?
- ¿Por qué no analizamos juntos sus preocupaciones?
- ¿Cuál sería el peor escenario?
- ¿Qué quisiera evitar con su decisión?
- ¿Qué riesgo potencial observa en nuestra propuesta?

Si el cliente no reacciona, debes ser más agudo:

- ¿No está convencido de los beneficios de mi producto?
- ¿No cree que podamos darle un buen servicio?

- ¿Piensa que la competencia puede darle algo mejor?
- Si no es ninguna de las opciones anteriores, ¿qué es?

Preguntas de clarificación:

Ahora necesitas *resumir lo que descubriste con las preguntas compromiso* para centrar la atención de tu cliente en el cierre. Como negociador debes tener bien claro cómo desea comprar. Como has observado durante todo el proceso de la negociación, siempre es necesario formular preguntas de clarificación para resumir lo más importante del proceso de negociación. Ésa es la clave de las negociaciones: no suponer, sino confirmar lo que comprendiste con absoluta seguridad.

Para resumir el tema:

- ¿Hay algo más que le impide tomar una decisión?
- Si entendí bien, ¿lo que quiere es…?
- ¿Eso es todo?
- ¿Hay algo más?

CONSEJOS

- En esta etapa sabrás cuán comprometido está con la negociación. Todo el trabajo anterior habrá sido en vano si no analizaste el asunto con profundidad.
- La forma de vencer la resistencia de la contraparte es mediante el uso de la información que obtuviste durante la entrevista por medio de tus preguntas.
- La información que obtuviste con las preguntas anteriores durante todo el proceso de la negociación se transformará en un buen recurso para cerrar tu negocio y debes echar mano de todo lo que se habló anteriormente, ya que es información valiosa para cerrar.

La ciencia de la interrogación de la CIA

En mis treinta años de experiencia como consultor he observado que los buenos negociadores son suaves y duros, directos y estratégicos. Pero hacen todo eso y además saben cuándo retroceder, cuándo atacar y qué hacer en qué momento y salirse con la suya. Son verdaderos magos estrategas de la interrogación y del descubrimiento. Saben sacar el lado oscuro de la contraparte que no se deja persuadir, y menos si éste es un hueso duro con experiencia. Los siguientes son algunos consejos que la CIA aplica en sus interrogatorios, que se aplican a las negociaciones.

Características de los buenos interrogadores de la CIA

1. Son intuitivos

Los negociadores profesionales tienen olfato, pueden identificar con facilidad que hay algo oculto. Dominan la ciencia del interrogatorio, del diálogo y de las relaciones, son verdaderos camaleones, sacan a relucir sus estrategias cuando menos te lo imaginas y sorprenden a la contraparte y lo desestabilizan de su posición. Sin duda las preguntas son el camino que tienen para descubrir la verdad de lo que se oculta.

2. Leen el mensaje corporal, no verbal

Las entrevistas no comienzan con preguntas, sino con un contacto visual. Mirar a los ojos, la seguridad en las primeras palabras, entusiasmo y carisma son clave, ya que la primera impresión cuenta para iniciar con el pie derecho. Durante la entrevista debes aprender a leer los mensajes corporales porque ellos son signos delatores. Ver gestos y posturas para ver si están ocultando algo o mintiendo. Esos mensajes a través de la postura física los identificamos muy fácil en nuestros hijos, familia o amigos, pero el secreto es identificarlo en un extraño, en un cliente, en un negocio a cerrar.

3. Saben cuándo les mienten

Nuestro sistema nervioso central nos delata ante situaciones en lo que no estamos de acuerdo, de amenaza o temor y la primera reacción es mentir o maquillar la respuesta. Cuando una persona miente su sistema nervioso comienza a operar y su sangre se va hacia las extremidades porque está bajo estrés. Nuestra naturaleza nos ha dotado de la reacción de atacar o correr y nos prepara para ello. Pero cuando no puedes escapar físicamente y estás frente a frente en una tensa negociación o en una entrevista difícil, comienzas a tener sed, tus ojos se empiezan a secar, a parpadear todo el tiempo, y eso mismo es lo que debes observar de la persona que tienes enfrente.

4. Atacan y se retiran tácticamente todo el tiempo

Si encuentras inconsistencia en el diálogo hay que ir directo al grano, atacar y preguntar directamente acerca del tema central, si es una venta pedir el pedido; si es una negociación, el acuerdo; si es un reportaje, el tema central; si es un líder de grupo, cuál es el problema; si es tu hijo, el tema que quieres resolver. Lo normal es que hay que ser directo al final y no ser duro e incisivo en la etapa inicial, esto aleja a la persona. Debes aprender el juego de atraer a la persona y alejarla (*zoom in* y *zoom out*, como el telefoto), jugando con la emoción de la persona.

5. Usan el silencio como presión

Por ejemplo, cuando hayas una pregunta deja que el silencio haga su trabajo. A veces 5 o 10 segundos de silencio tienen más impacto que más preguntas o más presión sobre el tema. El silencio es una buena palanca. Las tácticas de ataque indagatorio las debes adaptar a las condiciones de las entrevistas.

6. Saben cuándo cambiar de tema para relajar a la persona

Cuando las personas no quieren hablar del tema que les presentas, debes ser menos directo y puedes comenzar a preguntar de otras cosas para salirse del tema, relajar el ambiente, bajar el clima, ya que si continúas presionando se cerrará. Habla de los temas que más le gusten, como su negocio, *hobbies*, su familia, algo que la mueva emocionalmente pero no abuses en tiempo. Una estrategia que puedes aplicar y que resulta es, a veces, minimizar la decisión para que no se centre en objeciones y bloquee el flujo de la entrevista. La táctica es que la saques de esa situación de estancamiento y la persona se relaje y luego regresas directamente al tema.

7. Saben usar el contacto físico

Por ejemplo el contacto físico, tocar el brazo de la otra persona, es clave porque el contacto físico es un anclaje importante en el ser humano y lo invita a hablar, le da confianza. Tu postura debe ser de brazos abiertos relajados: no cruzar las piernas, inclinarte hacia la persona o hacia el escritorio; muestra signos de informalidad y abre la mente de la contraparte y se incrementará la confianza y disminuirá el estrés de la conversación, negociación o entrevista que estés llevando.

8. Tienen actitud felina, están al acecho esperando el momento

He visto a muchos reporteros que les gusta atacar directamente, ello puede ser un acto de sorpresa que en ocasiones funciona y la persona expresa lo que piensa espontáneamente, pero también puede mentir o desviarse si la tomas en posición de alerta o que adivine, ya que la construcción de tu pregunta fue muy obvia y amenazante para la persona. Al hablar de sus conductas y comportamientos, a la persona le hace levantar una barrera y ponerse a la defensiva, la sangre se le irá a los brazos y las piernas, lista para la pelea. Un mal ejemplo: "Vi que usted se durmió durante el discurso del señor presidente, ¿no le gustó?"

El ataque sorpresa puedes hacerlo sólo cuando tienes dominio del entorno, tu mente alerta, conoces el clima de la situación y a la persona la tomas relajada y con apertura. Pero hay que aprender a enfrentar a la contraparte con firmeza mental, como por ejemplo preguntar directamente para saber cuán lejos estamos de un acuerdo.

9. Saben tomarle el pulso a la negociación

En realidad, si lo haces, estás poniendo el termómetro en la boca del entrevistado. Con preguntas como: "¿Qué posibilidades ve de que hagamos negocio?", los negociadores hábiles saben cómo manejar a un cliente para que se sienta confiado y acepte la propuesta. Pero debes aprender a ganarte la confianza de la contraparte.

10. Leen los ojos de las personas

Tienes que aprender a leer los ojos, los gestos, porque ellos dicen la verdad. Te dicen si está cómodo o no se siente seguro de tomar una decisión. Recuerdo que un día en una entrevista le preguntaron a una gitana cómo se daba cuenta tan rápido si la persona estaba interesada en leerle la suerte o no. La gitana respondió: "Lo miro a los ojos y veo si su iris se abre y si parpadea, entonces está interesado e insisto y no lo dejo ir". En el futuro aprende a leer el iris. ¡Si no haces negocio, por lo menos le adivinarás la suerte!

11. Saben leer los bloqueos físicos de la contraparte

Observa los gestos: si cruza los brazos o las piernas, si se toca la cabeza, gesticula mucho sin que sea su conducta normal, toma el teléfono todo el tiempo, no te mira a los ojos. Observa porque los gestos dicen. El objetivo es abrir esa caja fuerte en la mente de la contraparte, que está en su posición sin decir lo que piensa; puedas llegar a persuadirla.

12. Saben extraer la información que quieren

El éxito de tu negociación depende de tu habilidad para extraer la mayor cantidad de información posible. Si no consigues sacarle la información, perderás la partida. El éxito puede ganarse o perderse en segundos si no logras construir confianza en la contraparte. Los buenos negociadores aprenden a ser sueltos, agradables, hasta alegres, pero muy directos. Cuando llega el momento atacan, son como verdaderos felinos acechando la presa para ver en qué momento atacar y cuándo no moverse ni hacer un gesto. Tienes que saber cuándo levantarte e irte porque no es el momento; reconocer que necesitas varias rondas de entrevistas; saber que ésta no es la ronda final y aprender a esperar el momento en que esté lista la presa.

Transfórmate en un experto interrogador de la CIA

El éxito de un interrogador depende de su capacidad para sacar información. Estos métodos son infalibles porque permiten descubrir la verdad cuando un convicto no quiere confesar. Los consejos que te doy a continuación son un resumen de los pasos que te enuncié.

En una entrevista tienes que darlo todo. Tienes que prepararte y estudiar para ello. Es una carrera contra reloj, no tienes todo el día, sólo tienes minutos para descubrir lo que la otra persona no te dice.

Primero, debes dar evidencias de información que sustente lo que dices, que construya credibilidad, lo impacte o lo tome por sorpresa. Debes demostrar lo que dices para generar credibilidad. Debes llevar una prueba testimonial, debes manejar hechos y evidencias. La entrevista es una cuestión de estrategia. No hay nada más difícil que cazar las evidencias que te quieren ocultar. Debes aprender a leer entre líneas y desmenuzar qué quiso decir. Si conoces los motivos de la contraparte, clarificar el tema será más fácil, descubrirás el problema más rápido. Ni lo dudes, todas las personas son capaces de darte lo que sea por alcanzar lo que más desean, pero también son monolíticas si descubren lo que estás buscando. Decía el psicólogo Sigmund Freud: "Ningún mortal puede mantener un secreto" para siempre. Al final lo expresan con sus ojos, con sus manos, su sonrisa. El cuerpo los delata. Los ojos son muy importantes, bajan la vista; cambian la voz, modifican el tono; cambia la posición del cuerpo. Te invito a que seas un experto conocedor acerca de los mensajes del cuerpo, hay mucho material didáctico disponible. Con ello podrás identificar más rápido si te mienten, si están comprometidos, si te están evadiendo, si esconden información. Transfórmate en un experto en interrogar y usando los modelos que te he enseñado podrás mejorar sustancialmente tus resultados.

No todas las preguntas tiene el mismo impacto

Un factor muy importante que he aprendido durante mis intervenciones en empresas es que no todas las preguntas tienen el mismo impacto en el resultado final.

Las *preguntas problema* tienen una influencia de solamente 12% en el resultado final de la negociación, pues la sola identificación de que existe un problema no asegura que se cierre el negocio. Si las preguntas no fueron bien utilizadas, el resultado puede ser negativo y perderás el negocio, ya que si el problema mayor no está perfectamente identificado, obviamente lo demás saldrá sobrando y será puro diálogo sin sentido de negocio.

Las preguntas clave durante una entrevista son las *preguntas de implicación*, las cuales influyen 32% en el resultado de una negociación, ya que de ellas se deriva el principal problema del cliente, por el cual invertirá su dinero para resolverlo.

Por su parte, las *preguntas de visión* también son importantes porque impactan 31% en el resultado final, pues mediante ellas el cliente descubre cómo quiere ver resuelto su problema. Cualquier propuesta que hagas y resuelva el problema, como lo quiere el cliente, será un éxito para tu negociación.

Por último, las *preguntas compromiso* impactan 25% en el resultado final de tu negociación, pues de ellas depende el cierre del negocio, dado que mueve al cliente a asumir un compromiso con la compra.

IMPACTO DE LAS PREGUNTAS EN EL RESULTADO

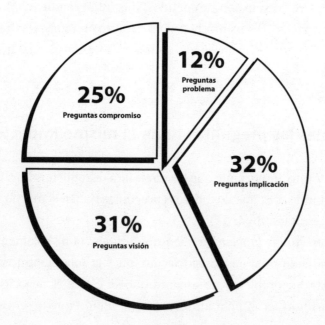

12%
Preguntas
problema

25%
Preguntas compromiso

32%
Preguntas implicación

31%
Preguntas visión

La calidad de la solución que tú propongas se deriva de la gravedad del problema por resolver. Entonces, el impacto de los resultados que plantees proviene de las implicaciones que te dijeron durante tu indagación. Algunas personas me comentan que las preguntas compromiso deberían tener una influencia mayor en el resultado final, dada la importancia que tiene el cierre de una venta. Pero al aplicar este modelo integral acerca de cómo formular *preguntas inteligentes* durante toda una negociación, éstas propician que el cierre sea un proceso natural deductivo, y no tan coercitivo como tradicionalmente ha sido. Ésa es la gran diferencia de este modelo respecto de cualquier otro modelo que conozcas.

Este modelo tiene el objetivo de que el cliente diga "sí" y se sienta satisfecho por la decisión tomada al final. La solución y el cierre es el *grande finale* de la obra; es la razón de una negociación.

CONSEJOS

- Reflexiona acerca de las preguntas que puedas aplicar con mayor frecuencia en tus negociaciones.
- Recuerda usar las preguntas de entrada para encontrar los puntos clave en el problema del cliente.
- Aprende a emplear correctamente las preguntas problema y sus efectos en una entrevista.
- Conoce mejor la situación por medio de preguntas de implicación.
- Nunca dejes de utilizar las preguntas de clarificación y de resumen.
- Descubre cómo utilizar las preguntas de compromiso para cerrar un negocio.

TAREAS

- Elabora una lista de preguntas de entrada para tus próximas entrevistas.
- Escribe las preguntas problema que más llamaron tu atención.
- Ejercita las preguntas de implicación para ampliar el efecto de un problema.
- Usa preguntas de visión para conocer lo que el cliente siente y desea.
- Escribe las objeciones más comunes y resuélvelas con técnicas para formular preguntas.

CAPÍTULO 9

LIDERA CON PREGUNTAS

EN ESTE CAPÍTULO

- Dominarás el arte de hacer pensar a las personas por medio de preguntas.
- Aprenderás a hacer preguntas para generar creatividad.
- Sabrás formular las preguntas adecuadas para involucrar a tu equipo.
- Aprenderás a realizar preguntas para obtener información.
- Resolverás problemas con tu grupo con mayor rapidez.
- Aprenderás por qué es importante dirigir con preguntas a una nueva generación de personas que ingresan a las empresas.

La crisis del liderazgo actual

El mundo en que vivimos ha creado un entorno cada día más complejo para los líderes. A diferencia del pasado, que tenían a su cargo gente con poca educación, hoy dirigen personas que están más informadas que ellos y algunos mejor preparados que el mismo líder. El modelo que los líderes utilizan actualmente proviene del que se aplicó en la Revolución Industrial.

En los primeros años del siglo xx, Taylor y Fayol, fundadores de la teoría de la administración científica, promovieron el modelo de mando y control para lograr la eficiencia operativa de las fábricas. Inclusive, al finalizar la Segunda Guerra Mundial muchas universidades investigaron el comportamiento de destacados generales, de quienes tomaron ejemplos exitosos de modelos de mando y control para definir el estilo más apropiado de líder. La gran diferencia con el mundo moderno empresarial es que en aquellos días se dirigía mano de obra, gente que hacía trabajo manual, con máquinas. Era la época en que el líder tomaba todas las decisiones, decía qué hacer y cómo hacer las cosas y el grupo respondía. Era como el "Dios Sol" de donde emanaba todo lo conocido.

El día de hoy los que dirigen se enfrentan a una crisis de liderazgo. Tienen que administrar al moderno trabajador del conocimiento. Trabajadores preparados, con estudios, con una visión de la vida diferente y que esperan ser tratados de una forma muy distinta. Jóvenes que han estado más horas expuestos en la computadora que el mismo jefe que los dirige. Jóvenes que no esperan invertir 20 años de su vida antes de alcanzar niveles superiores de mando o esperar 35 años para el reconocimiento por su labor.

Para el líder actual ya no es pertinente usar el modelo de mando y control solamente, hoy tiene que persuadir y negociar para dirigir a una persona inteligente e informada. Tiene que trabajar con su gente y construir soluciones en conjunto. El camino más indicado para lograrlo es utilizando el modelo de preguntas. Es necesario que los líderes hagan pensar a la nueva generación. Hoy el líder tiene que gestionar el conocimiento de los jóvenes si quiere retenerlos.

El problema se vuelve cada día más complejo ya que ha aumentado la rotación de los nuevos integrantes en los puestos de trabajo. No quieren ser tratados como su jefe lo fue en su juventud. En las plantas de producción, cada día encontramos gente con mayor preparación técnica, que manipula equipos de alta tecnología; en las oficinas vemos jóvenes que manejan habilidosamente sus computadoras para administrar información. Es prioritario administrar el conocimiento de este perfil inteligente que ingresa a las filas de trabajo.

En nuestra labor como consultores frecuentemente le preguntamos a la gente si en su trabajo usa el 100% de su capacidad, la mayoría responde que no, usan menos del 50%. Significa que cuando el trabajador entra en la empresa deja más de la mitad de su cabeza fuera. Sólo viene a cumplir con sus obligaciones y a cobrar un sueldo si no lo dejan pensar. Cuando les preguntamos quién es el responsable de que eso suceda, dicen: "Mi jefe".

En muchas empresas con cultura tradicional, de estilo burocrático, un empleado que no hace muchas preguntas es por lo general el que se lleva el mayor bono. Es disciplinado, no es cuestionador, está alineado, se subordina, dice que sí y lo hace. Los jefes dicen: "Éste señor no molesta, es un buen empleado".

Por su parte, algunos ejecutivos me han confesado que han intentado hacer preguntas, pero la gente contesta generalidades, no hay mucha contribución en sus comentarios, abusan de la libertad o dicen cosas sin sentido. Me dicen: "¿Para qué pierdo el tiempo preguntando?". En esencia, el problema de estos líderes es que ocasionalmente hacen preguntas, no han dedicado tiempo a construir una cultura permanente que estimule la búsqueda de nuevas ideas o rete las ideas del jefe.

Se requiere que tú, como líder, construyas una cultura de la tolerancia, del disentir, de cuestionamiento de los puntos de vista, buscando que la diversidad permita resolver mejor los problemas.

Preguntar: la herramienta de los líderes de hoy

Actualmente el mundo trabaja en colaboración. El líder tiene que resolver demasiados problemas en muy poco tiempo. Los cambios son tan rápidos, los competidores son tantos, que una sola cabeza ya no puede resolver la enorme demanda y los movimientos del mercado. Necesita de la contribución de su grupo. Si los líderes de hoy aprenden a utilizar la extraordinaria herramienta que representan las preguntas, sus resultados se lograrán con menor desgaste.

La habilidad de hacer preguntas inteligentes es una de las herramientas más importantes para los líderes en la solución de problemas, el manejo de conflictos y la gestión de sus juntas exitosas.

> **Si uno hace las preguntas correctas, reduce la necesidad de tener que dar todas las respuestas.**

El líder que acepte crear una cultura de preguntas en su grupo estará estimulando el cambio hacia una nueva forma de escuchar ideas y preguntar hasta encontrar la mejor solución. Los líderes que dirigen con preguntas reconocen que el objetivo no es escuchar "su" idea, sino la "mejor" idea, y eso sólo se logra con la contribución de los demás. Las preguntas más frecuente que debe hacer un líder a su gente son *¿qué opinas?* y *¿por qué?* Necesita saber qué piensan, qué hay en sus mentes.

Las preguntas expresan en sí mismas un sentido de consideración con los demás. Manifiestan cuánto te importan sus puntos de vista, muestran tu preocupación por lo que son y cómo piensan. No significa que te transformes en un líder paternalista, sino en un líder inteligente que busca en la mente de los demás ideas complementarias a la suya para encontrar entonces una mejor y superior.

Las personas despliegan sobre la mesa muchas opciones, nuevas visiones, distintos paradigmas que como líder jamás podrías identificar en tan poco tiempo, y así aumentan las ideas creativas. Las preguntas permitirán humanizar más tu rol de líder. Subordina el modelo del ego que ha sido educado por generaciones en el decir e imponer, para llevarlo a un modelo de búsqueda. Los líderes que hacen mejores preguntas son los que mejor se desempeñan y tienen más éxito que los demás. Saben leer las respuestas, saben interpretar lo que la otra persona dice o quiere decir, todo ello porque están enfocados en indagar.

Un líder debe preguntarse a sí mismo cómo puede hacer que las preguntas en su equipo se transformen en algo natural y cotidiano; en algo que cualquier persona del equipo tiene el derecho y la obligación también de hacer. Muchos líderes que he entrevistado piensan que esa actitud puede disminuir su autoridad, al darle a la gente el poder de disentir. Sin embargo, no se trata de cuestionar emocionalmente a la persona. Es un clima de madurez que debe aprender a desarrollar un líder si quiere progresar con un equipo de gente informada.

Si las empresas y sus líderes aplicaran el modelo socrático de preguntas, seguramente lograrían mucho más con menos recursos, pues estarían utilizando el conocimiento, no la mano de obra. Una evidencia del éxito en la aplicación de la cultura de las preguntas en las corporaciones han sido las empresas de tecnología. Estas empresas están dirigidas por líderes con una actitud de descubrimiento constante y lo que los impulsa al éxito son las preguntas que se hacen todo el tiempo. En estas compañías su cultura es preguntarse: "¿Por qué? ¿Por qué hacemos esto o aquello?, ¿por qué no cambiamos?". No podría yo concebir el éxito de Steve Jobs si no hubiese hecho miles de preguntas a él mismo y a su grupo. Se dice que en una junta preguntó: "¿Por qué las laptop deben llevar ventilador?". A partir de ese momento sus computadoras no usan el ruidoso ventilador convencional.

Incorporando las técnicas de preguntas, el enfoque en tus próximas conversaciones será muy diferente. Piensa en los siguientes puntos:

En lugar de...	Opta por...
Decir.	Hacer preguntas que comprometan.
Ser el experto.	Invitar a los demás a contribuir.
Controlar la información.	Ayudar a que los demás compartan sus experiencias.
Asumir que entendiste.	Preguntar qué quiso decir con lo que dijo.
Imponer.	Dar oportunidad para que los demás den su solución.
Mostrar cuán inteligente eres.	Mostrar a los demás cuán inteligentes son.
Analizar minuciosamente.	Sintetizar y ver la imagen total.

Modelo conservador *vs.* nueva generación en liderazgo

Modelo autoritario-conservador	Nueva generación
El líder siente que puede perder poder al dar libertad de expresión.	El líder estimula el cuestionamiento y la apertura al diálogo.
El líder no pregunta; está obligado a decir.	El líder hace preguntas e indaga nuevas ideas.
Se fomenta la dependencia.	Se fomenta la interdependencia.
El líder no toma en cuenta a sus colaboradores. Aprueba lo que le dicen, pero al final hace lo que él quiere. El grupo piensa: "No importa lo que digamos, siempre se hace lo que él diga".	La gente se siente escuchada y útil; opina y contribuye. Se construyen soluciones con las aportaciones de todos.
El líder busca culpables o juicios. Cuando hay un error, pregunta: "¿Quién fue?".	El líder, más que juzgar, siente que necesita más información. Cuando hay un error, indaga la razón y la forma de evitar que se repita.
El modelo centralista no crea sinergia. Sólo crea unos pocos aliados del jefe y el resto debe obedecer.	El grupo quiere formar parte del éxito de su jefe.
Se fomenta una conducta de subordinación, más que de admiración.	Las personas se sienten involucradas en las decisiones y, por tanto, comprometidas.
El modelo se basa en mando y control.	El modelo busca trabajar con la gente y construir soluciones en conjunto.
La gente es sólo una pieza más del engranaje empresarial.	La gente es parte clave del objetivo y sabe que su opinión e inteligencia cuenta en el grupo.

Habilidades a desarrollar por un líder

1. Sé curioso

Tener una actitud de curiosidad permite acercarse a la gente. La curiosidad estimula a indagar, a profundizar y eso sólo se logra con preguntas. De lo contrario tendrás una actitud pasiva de escuchar lo que los demás se arriesgan a decir sin que preguntes, lo que puede llevarte sólo a juzgar lo que los demás dicen, en lugar de indagar. La actitud de curiosidad es una conducta fácilmente percibida por los demás y es muy bien aceptada por quienes desean resolver un mismo objetivo.

2. Desarrolla la empatía

La empatía es la herramienta más poderosa de los líderes que saben hacer preguntas. Empatía es la capacidad de comprender, aun sin estar de acuerdo. No significa que coincidas con lo que la otra persona piensa, pero comprendes lo que quiere decir. Cuando uno comprende generalmente dice: ¡ya entendí! La empatía es entender y sentir lo que la otra persona dice, es ponerse en su lugar. Los apaches, que tenían la fama de ser muy aguerridos y temidos en la frontera de Estados Unidos y México, tenían la costumbre de que cuando alguien era bienvenido a su tribu le daban sus mocasines para que se los pusiera la otra persona, como un símbolo de apertura y de que ambos estaban de un mismo lado. De ahí probablemente surgió la frase: "Póngase en mis zapatos", como sinónimo de entendimiento.

La empatía no significa docilidad, sino entender. Si no entiendes se te dificultará construir preguntas acertadas de alto impacto. Si aplicas la empatía, puedes entender lo que sucede en menos tiempo. Puedes aprender a leer lo que la gente dice sin juzgar, sólo comprendiendo. Luego decidirás si das tu opinión o haces otra pregunta.

3. Desarrolla la inteligencia emocional

La experiencia nos ha demostrado que los mayores fracasos de los líderes surgen por su falta de sensibilidad para identificar lo que sucede con las situaciones y con las personas. Te invito a que leas todo lo que puedas del escritor y científico Daniel Goleman, quien creó el concepto de inteligencia emocional. Estudió cómo las emociones influyen en nuestras conductas. Éste fue un verdadero hallazgo, ya que las emociones, por tradición, habían sido un campo de los psicólogos. Los impulsos nos mueven a la acción y también son los que bloquean las conductas.

Deberás aprender cómo obtener información de preguntas que descubren lo que la otra persona siente. Este tema te ayudará mucho a madurar como líder. Tu carrera como líder estará marcada por tu habilidad en este tema, el uso exclusivo de la racionalidad no es suficiente para resolver los problemas con la gente.

4. Mantente atento a las preguntas

Presta atención a las preguntas que haces y las que tu equipo te hace; las que tus pares hacen en las juntas y por supuesto las de tu jefe. Identifica cuáles son las de mayor impacto, con qué tipo de preguntas obtienes más información y son las más acertadas. Ejercita mentalmente hacerte preguntas sobre un tema. Escribe aquellas que te están funcionando en tus juntas o en la solución de problemas. Utiliza preguntas que hagan pensar a la gente, no sólo que responda con cifras o un sí o no, preguntas profundas. Haz preguntas y observa la reacción de la gente y te sorprenderá el cambio en ellos. Recuerda, un buen líder que sabe hacer preguntas jamás es considerado como una persona que hace preguntas todo el tiempo. No es transformarte en un interrogador que incomoda, sino en una persona curiosa por definición.

5. Pregúntate antes de preguntar

Antes de hacer una pregunta, especialmente en una junta importante, es fundamental que pienses qué quieres obtener. Define tu objetivo, qué esperas. Piensa también cómo harás la pregunta, de manera que no cierres la mente de la otra persona. Recuerda que las preguntas inteligentes abren la mente del otro y estimulan la reflexión. Es un juego donde tu mente y la de los demás están en acción. Si te descubren manipulando o descubren que estás buscando que tu punto sea aceptado, la mente de los demás se cerrará y no obtendrás la auténtica respuesta que esperabas de la otra persona. Nadie se expone ante una intencionalidad negativa o manipuladora del que hace la pregunta. Debes ser auténtico para que generes confianza en la otra persona, la razón por la cual es clave es que trabajas 12 meses al año diariamente con ellos.

6. Aprende cuándo no preguntar

Recuerda que estás aprendiendo a preguntar, no a interrogar. Debes estar preparado para recibir una respuesta. Escucha el contenido y la forma en que responden. Evita tu interpretación y tus juicios. Ten cuidado cuando hagas una pregunta, no hagas la siguiente y la siguiente. Las preguntas frecuentemente requieren "esperar" y estar seguro de que la otra persona terminó de pensar. Es aconsejable que cuando hagas una pregunta dejes un espacio de tiempo a la persona. Debes aprender a sentirte cómodo si no recibes una respuesta inmediata. Observa a la persona con detenimiento y demuéstrale que esperas su respuesta sin apuro. Aprende a callar y a no hacer otra pregunta, respira profundo y espera. El silencio es una demostración de que estás esperando una respuesta para continuar. El silencio presiona pero permite a la otra persona reflexionar, seguramente está incubando su respuesta. No apresures el proceso. No hagas otra pregunta o refuerces lo que dijo, es inútil, cada persona tiene su tiempo.

7. Comprende qué significa influir

La capacidad de un líder para influir a los demás surge de haberse dejado influir primero. Los líderes dominados por el ego no pueden abrir su mente a las ideas de otro para cambiar la suya. El ego jamás lo aceptaría, su arrogancia menos aún, sienten que van a ser inferiores ante los ojos de los demás. El ego triunfa cuando no te deja ganar. Te recomiendo que si quieres dominar el arte de hacer preguntas aceptes que hay algo de cierto en las respuestas de los demás que puede ayudar a resolver un problema o encontrar formas diferentes de hacer las cosas. No significa que vayas por la vida dejando que los demás te convenzan. No es abrirse a todo, sino entender que puede haber algo de verdad en lo que el otro dice y recordar que el objetivo es mejorar la idea o solucionar el problema.

La aplicación de los puntos anteriores estará condicionada por la buena aplicación de este principio. Será fundamental que lo ejercites en tu vida personal y profesional. Si eres muy terco, te tomará más tiempo aceptar que este principio tiene una ventaja para tu vida.

8. Estimula a tu equipo

Desarrolla en tu equipo el espíritu de curiosidad. Permite que hagan preguntas para profundizar en los temas, que no tomen una actitud pasiva de escucha o comentar sin comprometerse, hablar por hablar. En tus próximas reuniones, juntas y problemas a resolver, estimula la escucha activa y el diálogo con preguntas. Debes crear una actitud de análisis de las cosas a través del diálogo con preguntas. Si estimulas la actitud de preguntas, te transformarás en un verdadero coach. Harás cada día mejores preguntas y podrás hacerle a tu grupo preguntas de seguimiento o de retos para que asuma riesgos. El grupo debe sentirse seguro de que tus preguntas no serán motivo de juicio, sino de escucha para resolver o encontrar nuevas ideas. Mejorará la escucha del grupo, ya que las preguntas focalizan la atención de las personas. El compromiso del grupo también se incrementará como consecuencia de este proceso para que fluya información dentro del grupo. Nadie podrá decir en el futuro "eso no lo sabía" o "nunca hablamos de ello".

La creatividad y el poder de las preguntas

Cada día confirmamos que estamos en el mundo de la creatividad y la innovación. Muchas empresas y líderes nos lo demuestran con el éxito que tienen. Las preguntas que sus líderes emplean son: "¿Cómo estimulamos la creatividad?", "¿de dónde surgen las grandes ideas?".

La cultura de preguntar de estos líderes estimula los siguientes procesos:

1. Las empresas que utilizan la tormenta de ideas o el pensamiento creativo hacen preguntas

Los empleados que no se sienten criticados o que no los consideran tontos por sus ideas son los que participan con mayor entusiasmo y se arriesgan a responder ante el modelo de preguntas que se hacen los grupos. Si deseas incubar nuevas ideas en tu empresa o en tu equipo de trabajo, es necesario que uses preguntas todo el tiempo, no sólo el día de la lluvia de ideas.

2. Las preguntas estimulan las ideas

Cuando se busca crear las preguntas, deben ser lo más específicas y concretas, más que preguntas genéricas.

Pregunta genérica	Pregunta específica
¿Cómo podemos hacer que nuestro producto se vea diferente ante el cliente?	¿Qué cambios en el empaque necesitamos para el segmento de niños en tiendas de autoservicio?

Cuando Steve Jobs creó la Mac, le hizo dos preguntas muy concretas a su equipo creativo: "¿Cómo crear una computadora que sirva para diseñar? ¿Cómo creamos un dispositivo externo que opere el sistema?". Y nació el *mouse*.

Cuando un líder quiere mejores ideas de servicio, debe preguntar:

- ¿Cómo podemos mejorar nuestro departamento de quejas de servicio?
- ¿Cómo podemos transformarnos en el número uno en servicio?
- ¿Qué están haciendo nuestros competidores en servicio que nosotros no hacemos?
- ¿Cómo ha evolucionado el servicio en otros giros de negocio diferentes al nuestro?
- ¿Cuáles son las quejas más frecuentes que tenemos y cómo las hemos resuelto?
- ¿Cómo podemos sorprender a nuestros clientes más rápida y económicamente?
- Si fuéramos clientes de nuestra empresa, ¿qué esperaríamos que cambiara?
- ¿Qué no existe hoy en el mercado que si lo hiciéramos revolucionaría nuestro negocio?

3. Evaluación de la creatividad y uso de preguntas.

Como líder haz preguntas que estimulen:

- ¿Cuál es la mejor de estas ideas? ¿Por qué?
- ¿Cuál es la peor de estas ideas? ¿Qué queremos?
- ¿Estas ideas cumplen con los objetivos esperados?
- ¿Qué reacción tendrá la competencia si salimos con esta idea?
- ¿Qué acciones correctivas necesitamos para contrarrestar a la competencia?
- ¿Qué resultados económicos esperamos de esta idea?
- ¿Qué costo tendrá para la empresa?
- ¿Qué novedad necesitamos para el mercado?

Grupo de preguntas útiles para los líderes

Preguntas para comenzar a incorporar el hábito de hacer preguntas en tu equipo de trabajo:

- ¿Qué significa para nosotros lograr esta meta?
- ¿Qué tenemos que hacer para apoyarnos unos a otros?
- Como grupo, ¿qué tenemos que hacer diferente para crecer?
- ¿Cómo debemos comenzar a tomar decisiones?
- ¿De qué otra forma podríamos realizar este proyecto?

Preguntas rápidas

Algunos problemas simples se resuelven con cierta rapidez haciendo la pregunta mágica: ¿Por qué? Es un tipo de pregunta fácil de realizar, que nos permite ir poco a poco al corazón del tema. Esta pregunta puede hacer pensar, reflexionar y no sólo responder automáticamente. Ejemplo:

—Se descompuso el auto.
—¿Por qué?
—Se rompió la bomba del agua.
—¿Por qué?
—No la cambié cuando debía.
—¿Por qué?
—Porque me olvide de la fecha de mantenimiento.
—¿Por qué?
—Porque pensé que no era muy importante.

Si tienes un problema que resolver de inmediato, uno a uno, con alguno de tus colaboradores, una buena opción es realizar preguntas rápidas, eficientes y directas como las siguientes:

- ¿Qué resultado lograremos con esa decisión?
- ¿Qué otras alternativas podemos tener?
- ¿Qué riesgos podemos correr con esas opciones?
- ¿Cuál de los riesgos es el que más nos impactaría?
- ¿Cómo se va a desarrollar el plan?

Preguntas para que un líder maneje un conflicto interpersonal

Si tienes que resolver algún conflicto personal con un colaborador, incluye este tipo de preguntas:

RECABAR INFORMACIÓN

- ¿Es éste el mejor momento para que hablemos del tema?
- ¿Quieres que hablemos ahora?
- ¿Crees que hay algún malentendido?
- ¿Qué te ofendió?
- ¿Cuán confiable es la información que te dieron?
- ¿Puedes ampliar el punto?

SOLUCIÓN

- ¿Qué podría hacer para que cambies de parecer?
- ¿Con esto respondo a tu pregunta?
- ¿Qué podemos hacer a partir de este momento?
- ¿Algo más para que podamos darle una solución?

PREGUNTAS DE APOYO

Son preguntas que dan soporte a la persona:

- ¿Cuál es tu opinión acerca del proyecto?
- ¿Cómo va tu programa de trabajo? Veo que has avanzado.
- ¿Cómo podemos hacer que tu proyecto se termine en menos tiempo?
- ¿Cómo crees que podríamos mejorar nuestro desempeño como grupo?
- Cuéntame, ¿cuál es tu próximo paso?

¡Atención!

Las preguntas son negativas cuando se dirigen a la persona y no al problema, éstas los ponen a la defensiva y drenan la actitud de compartir:

- ¿Por qué siempre tienes que llegar tarde?
- ¿Por qué nunca terminas a tiempo?
- ¿Quién es el responsable de ese error? ¡Tráiganmelo!
- ¿No tienes nada mejor que decir?
- ¿Tú nunca aprendes, verdad?

Preguntas reflexivas para que tu gente piense

Las preguntas también tienen la virtud de crear atención. Cuando alguien hace una pregunta reflexiva, la gente escucha, se enfoca, piensa. Luego decidirá si era importante o no. Pero focaliza la atención del grupo. Si deseas saber lo que tu gente no te dice directamente, te aconsejo que hagas preguntas reflexivas para conocer qué piensan al respecto. Las preguntas inteligentes siempre llevan a la reflexión, no son preguntas genéricas.

- ¿Qué otras alternativas tenemos?
- ¿Qué lo inspira a continuar?
- ¿Qué hay en el fondo que hace que todos piensen así?
- ¿Me podrías describir un poco más la situación en la que nos encontramos?
- ¿Qué interpretación le das a la actitud de la competencia?
- Me intriga que todos estén de acuerdo. ¿Qué creen que pensará la competencia de nuestra estrategia?

Preguntas cerradas

Estas preguntas son muy conocidas por todos y fáciles de aplicar. Cuando se usan estratégicamente son muy útiles. No profundizaré mucho porque estoy seguro que las conoces.

Frecuentemente se usan sólo para conocer o confirmar la opinión de la otra persona. Obtienen un *sí* o un *no* como respuesta, o hasta un *quizá*, pero no esperes más de la persona. Son muy útiles para saber dónde está el camino de la conversación.

PREGUNTAS	RESPUESTAS
• ¿Terminaron el proyecto?	(sí, no)
• ¿Tenemos inventario?	(sí, no)
• ¿Se envió el producto?	(sí, no)
• ¿Quiere el producto?	(sí, no)

Preguntas abiertas

Estas preguntas pretenden conocer el punto de vista de los demás. Invitan a la otra persona a decir su propia historia, su propia opinión de las cosas. Úsalas después de una pregunta cerrada y obtendrás más datos. Con ellas se obtiene mucha información e incrementan la comprensión. A diferencia de las preguntas cerradas que arrojan un sí o un no como respuesta, en este caso siempre se obtiene una frase. Son muy poderosas, abren la información.

- ¿**"Qué piensas"** acerca de nuestra distribución?
- ¿**"Cuáles"** podrían ser las alternativas?
- ¿**"De qué manera"** podríamos mejorar?
- ¿**"Cómo"** lo habían hecho antes?
- ¿**"Por qué"** surgió el problema?
- ¿**"Cuál"** es la situación?

Preguntas exploratorias

Estas preguntas sirven para indagar sobre algo que ya existe, pero que debemos imaginar cómo cambiar o mejorar. Son preguntas que generan una "imagen" en la persona que responde. Permiten visualizar la solución. Permite también ver lo que ve la otra persona y te dice que está pensando.

- ¿Qué idea tienes de ese mercado?
- ¿Cómo te imaginas el Producto Interno Bruto para este año?
- ¿Cuáles son los usos de este nuevo producto?
- Si tú fueras la competencia, ¿qué harías?
- ¿Qué más habría que hacer?
- ¿Qué podríamos mejorar?

En 2010, el secretario de Estado de Estados Unidos era el inolvidable doctor Henry Kissinger. Éste tomó su teléfono y llamó a su asistente de Asuntos Especiales, el señor Wiston Lord, un hombre culto, considerado un intelectual que fue nombrado posteriormente como embajador en China. Kissinger le solicitó a Lord escribir las políticas para la relación con países extranjeros. Lord las escribió y se las entregó a Kissinger. El mismo Lord comenta que, al siguiente día, Kissinger lo llamó y le dijo: "¿Eso es lo mejor que puede hacer?", y Lord contestó: "Eso creo, pero puedo intentar revisarlo nuevamente". Kissinger le entregó el documento y le dijo que lo mejorara. Una semana después le dijo exactamente lo mismo y le regresó el documento a Lord, y así nueve veces más. En la última Kissinger le dijo: "¿Eso es lo mejor que puedes hacer?". Lord le dijo: "Henry, después de nueve veces te aseguro que eso es lo mejor que puedo hacer, no creo que pueda mejorar una sola palabra más". "Bueno, si es así, entonces ahora sí lo leeré". Kissinger era una persona extraordinaria, orientado a resultados y retaba a su gente a hacer las cosas cada vez con la mejor calidad. La pregunta más poderosa que puedes hacer también como líder es: "¿Eso es lo mejor que puedes hacer? ¿Puedes mejorarlo?". Úsala con tu equipo. Es probable que no se sientan cómodos, pero podrán lograr lo que nunca se imaginaron al mejorar su desempeño.

También puedes preguntar:

- ¿Esto es lo mejor que podemos hacer o habrá mejores alternativas aún?
- ¿Cree que vale la pena salir al mercado en estas condiciones o podemos hacer algo mejor?
- ¿Qué es lo mejor de la estrategia? ¿Habrá algo que podemos mejorar? ¡Invirtamos más tiempo!
- ¿Podrán traerme mañana tres razones por las que la estrategia puede fallar?

Preguntas para descubrir

Estas preguntas intentan descubrir algo que no existe y que podemos crear. Estimulan la mente del que responde para que se haga preguntas antes de contestar. También algunas personas contestan y agregan: "Estoy pensando en voz alta". Esta expresión da espacio para seguir pensando y tomar más tiempo, ya que se necesita armar la idea mientras se habla. Para que te surjan este tipo de preguntas, aprende a dudar. Si dudas, preguntas, y entonces aclaras tu mente.

- ¿Existe algún otro camino para resolver el tema?
- ¿Qué no están haciendo los competidores?
- ¿Qué podríamos hacer que hoy no hacemos?
- ¿Qué podríamos hacer que tomara por sorpresa al cliente?
- ¿Qué necesita el cliente que nadie lo está resolviendo?
- ¿Por qué los competidores aún no nos han atacado?
- ¿Qué necesita el mercado que aún no tenemos?
- Dada toda nuestra discusión, ¿en qué otras amenazas debemos pensar?

Preguntas directas

Algunos líderes suelen hacer preguntas que nadie quiere contestar. La gente siente que cualquier respuesta será arrasada por el jefe. Si preguntas de esta manera: "¿Me quieren decir por qué no se han entregado los paquetes?", es una reclamación, más que una pregunta. Otras preguntas que son muy directas parecen manipuladoras cuando el líder incluye la solución en la pregunta: "¿No creen que podrían haber incrementado las visitas a mitad de mes?" El líder está incluyendo en la pregunta la respuesta de: "Debieron haber aumentado las visitas a mitad del mes, ¿cómo no se dan cuenta de eso?".

Un mejor camino es establecer las condiciones que uno quiere para que no vuelva a suceder. La pregunta sólo pretende que la gente acepte la culpa y diga: "Perdón, me equivoqué, nos olvidamos", etcétera. Mejor haz una propuesta como la siguiente.

He visto el deficiente nivel de entrega que tenemos y a partir de hoy:

- Quiero que los pedidos se preparen 24 horas antes.
- El próximo mes llevaremos una bitácora para que no disminuya el nivel de visitas.

Luego haz preguntas relacionadas para mejorar el desempeño en el futuro, para evitar que se repita el problema:

- ¿Se pueden comprometer con los pedidos de 24 horas? (Ésta es una pregunta de compromiso.)
- ¿Están seguros de cómo evitar la disminución de las visitas? (Ésta es una pregunta de confirmación.)

Preguntas para preguntas

Toda solución responde a alguna pregunta. Si no comprendes lo que la otra persona pregunta, tendrás que clarificar qué quiere decir con lo que dice hasta que llegue el punto de entender claramente. Una pregunta no está clara hasta que sabemos perfectamente lo que necesitamos para contestarla. Por ello no contestes una pregunta hasta saber con exactitud lo que te están preguntando. De lo contrario puedes caer en una trampa. Si recibes una pregunta, puedes responder con otra pregunta:

- No comprendo exactamente lo que me está preguntando. ¿A qué se refiere?

- ¿No hay otra pregunta que debamos hacernos antes que ésta?
- ¿Su pregunta viene por la pregunta que nos hicimos anteriormente en la junta?
- ¿De qué manera podemos hacer la pregunta para comprender mejor?
- Ésa no es la pregunta correcta, lo indicado es ¿cuál fue el origen de este conflicto?
- Su pregunta incomoda, más bien yo le pregunto: ¿adónde quiere ir con esa pregunta?
- ¿Me puede indicar por qué hace esa pregunta?
- Si usted hace esa pregunta es porque tiene información reservada. ¿Qué más sabe usted que nosotros no sabemos?
- ¿Hicimos la pregunta correcta?
- Me parece buena su pregunta, pero ¿me permite hacerle una pregunta acerca del tema?
- ¿Contesté su pregunta?

Preguntas para que tus juntas sean exitosas

El objetivo de hacer preguntas durante las juntas es que la gente se sienta involucrada en las soluciones y que perciba que su opinión fue escuchada. Con las preguntas las personas se sienten incluidas en los temas y se comprometen más en la ejecución de los resultados. Necesitas sacar la mejor idea de tu grupo, no "tu" idea personal.

Cuando un líder dirige una junta, debe usar cinco tipos de preguntas básicas:

1. Preguntas para acotar el tema a desarrollar: ¿Qué temas tenemos hoy? ¿En cuál de ellos debemos enfocarnos?
2. Preguntas para involucrar a los miembros del equipo: ¿Qué opinión tiene cada uno acerca de esta decisión? ¿Qué riesgo le ven?

3. Preguntas para estimular a los más pasivos: ¿Cómo ves desde tu área este problema? ¿Tendremos algún problema?

4. Preguntas indagatorias cuando responden con un sí o un no: Explícame un poco más, ¿por qué crees que sí funcionará?

5. Preguntas para profundizar: ¿De qué manera lo podemos aplicar y cómo crees que reaccionará la competencia?

SUGERENCIAS

- No hagas un juicio de lo que otra persona dice, sólo profundiza acerca de lo que dijo. Pregunta al grupo: "¿Qué problemas o ventajas le ven a esa idea que acaba de mencionar Pedro?"
- No opines, ¡pregunta! Y luego propones y das tu opinión.
- Si sabes la respuesta, ¡no la digas! Pregunta y luego da tu punto de vista.
- Nunca inicies diciendo: "Ya había pensado en eso". Mejor refuerza el punto. Di: "Estoy de acuerdo contigo", y luego pregunta: "¿Alguien más tiene otra idea?". Finalmente presenta tu punto de vista.

CONSEJOS

- Identifica si tu liderazgo está centrado en el poder o en el involucramiento.
- Desarrolla una cultura de preguntas en tu equipo de trabajo.
- Ejercita las habilidades que necesitas desarrollar para transformarte en un líder de nueva generación.
- Cuestiona paradigmas para innovar y crear nuevas ideas.
- Construye una actitud de preguntas en tus juntas para profundizar en los temas.

TAREAS

- Aprende que el objetivo no es "tu" idea, sino la "mejor" idea.
- Incorpora en tu grupo el hábito y la libertad de hacer preguntas sin ser juzgados.
- Evalúa la creatividad a través de las preguntas.
- Haz un inventario de tus mejores preguntas.
- Ejercita preguntas reflexivas que hagan pensar a tu gente.

CAPÍTULO 10

EL SECRETO ES RESOLVER PROBLEMAS A TRAVÉS DE PREGUNTAS

EN ESTE CAPÍTULO

- Te harás consciente del proceso lógico que efectuamos para resolver conflictos cotidianos.
- Aprenderás a usar preguntas inteligentes con el fin de solucionar problemas complejos.
- Comprenderás los beneficios de adoptar la postura ganar/ganar al resolver conflictos interpersonales.
- Sabrás cómo resolver problemas diarios en tu trabajo.
- Identificarás el secreto de combinar información para llegar a una solución racional y lógica.
- Sabrás cómo resolver problemas con personas y disminuir los conflictos entre ellas.

En un mundo tan complejo como el que hoy vivimos, necesitamos muchas fórmulas para resolver problemas e investigarlos.

El análisis racional de problemas se aplica para esclarecer acontecimientos que surgieron hace una hora o cinco minutos, ayer, hace una semana o un año. Un problema es siempre acerca de un evento

Todos los días vemos ejemplos de soluciones a problemas, equivocados.

que ya ha sucedido. La definición académica de un problema es: una desviación de una norma. Es decir, sucedió algo diferente a lo que se esperaba.

En realidad, todos realizamos instintivamente un proceso de análisis y búsqueda de soluciones cuando los resultados no cumplen con lo esperado, ya sea un médico con su paciente; un hijo con sus estudios; un abogado que defiende a su cliente; la economía de un país que no está creciendo como se esperaba, también un reportero investigando a un político sobre un problema específico o un líder que no está teniendo los resultados esperados en el mes. Todos utilizamos este proceso inconscientemente a diario para resolver un problema, sea simple o complejo. Es una secuencia lógica que nuestra mente usa de manera instintiva que la mayoría no estamos conscientes, por lo tanto lo aplicamos circunstancialmente y no sistemáticamente. Lo que te presentaré ahora será para que observes cómo debe operar tu mente cuando estés buscando la solución de un problema que ya sucedió y no se comprende por qué ocurrió, es decir, no se sabe la causa. Este modelo para empresarios, reporteros, líderes, ingenieros, es ideal, ya que les enseña a usar un lenguaje lógico deductivo secuencial, y a no inventar preguntas aleatorias que no estén interconectadas y que no te lleven a una solución del problema con metodología.

Aprendiendo a aplicar de manera sistemática este proceso lógico evitarás cometer errores por omitir información o procesar información errónea. Seguir de manera consciente pasos lógicos para resolver un problema nos ayudará a ser más certeros en nuestra solución.

Los problemas pueden ser frecuentes u ocasionales, críticos o pasajeros, de equipo o de personas. El método de preguntas que te mostraré será fundamental para tener éxito en tu solución de problemas.

En este capítulo te presentaré dos técnicas para resolver problemas. Éstos son:

a) Modelo racional de solución de problemas
b) Solución de problemas interpersonales

a) Modelo racional de solución de problemas

El modelo que te presentaré a continuación es muy eficiente para resolver situaciones de trabajo o aspectos técnicos.

Este modelo se ha utilizado por años en áreas de producción, logística, ventas o administración. En nuestra empresa de consultoría enseñamos anualmente a muchos ejecutivos y empleados a resolver problemas con esta excelente metodología para que la transformen en un hábito de pensamiento que los lleve conscientemente a resolver con éxito sus problemas.

El proceso de preguntas te servirá para descubrir la causa de un problema, es decir, aquello que está produciendo una desviación de lo que quieres resolver: ¿Por qué en la mañana no arrancó tu carro o no tienes agua caliente? ¿Cómo que se perdieron millones de dólares este mes por no haber entregado la carga a tiempo en Frankfurt? ¿Por qué la producción disminuye cada mes? ¿Por qué los productos salieron defectuosos en el tercer turno? ¿Por qué el crucero italiano encalló? ¿Por qué los problemas de servicio se repiten constantemente mes tras mes? En suma, todos los problemas complejos cotidianos de tu negocio o empresa.

Este proceso consta de cinco etapas de cuestionamiento:

1 DESVIACIÓN

2 ANÁLISIS DEL PROBLEMA

3 COMPARACIÓN DE LOS HECHOS

4 ANALIZAR CAMBIOS

5 DESCUBRIR LA CAUSA

1 DESVIACIÓN

Este primer paso se concentra en la descripción de lo que sucedió. Cuando ocurre un problema lo primero que nos preguntamos es: "¿Qué sucedió?". El diagnóstico se hace cuando uno pregunta: "¿Qué era lo esperado?, pero ¿qué sucedió realmente? ¡Descríbemelo!"

Los cuatro pasos posteriores nos llevarán a descubrir por qué se originó el problema o ese incumplimiento para regresarlo a la norma, a lo que debe ser.

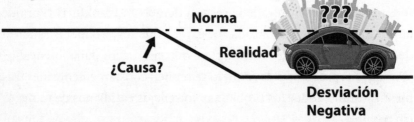

Supongamos que tienes una flota de camiones que reparte carne en toda la ciudad y dices: "En la zona de Vallejo se nos han caído 20% las ventas. Eso es lo que sucedió. Lo normal es que vendamos 100% y vendimos 80%. La desviación es de 20%. La pregunta que surge es: ¿Por qué se han caído las ventas en Vallejo? ¿Cuál es la causa?

Otros ejemplos:

- Llevo cinco años sin poder recuperarme financieramente y mi negocio no crece: las ventas han caído un 40%. Lo normal debería ser vender el 100%; logramos el 60%, la desviación es del 40%. Necesitamos saber por qué y cuál es el problema.
- He bajado 7 kg de peso en los últimos cinco meses. No puedo comer, no puedo digerir la comida. Como la mitad de lo que antes comía y me siento cada día más débil. Necesito saber por qué.
- Mi hijo cada día va peor en la universidad, ha repetido el segundo año y no veo que se recupere. ¿Cuál es la causa?

② ANÁLISIS DEL PROBLEMA

El segundo paso es recabar la información que tenemos. Es la etapa donde se describen los hechos tal cual acontecieron. En esta etapa se especifica qué *es* el problema. Es descriptiva, no de opiniones ni supuestos, sólo queremos datos comparables.

Necesitamos tener una descripción de lo que sucedió y este primer paso tiene ese propósito. Debemos hacernos varias preguntas:

PREGUNTAS PROBLEMA

Tienen el propósito de definir los hechos y evaluar qué tipo de problemas tenemos. También sirven para separar qué es el problema de lo que *no* lo es. Esta separación evita analizar hechos que no tengan relación con el caso. El método nos lleva a encuadrar la situación en cuatro dimensiones:

a) ¿<u>Qué</u> sucedió? ¿Qué no sucedió? (Define hechos).
b) ¿<u>Dónde</u> sucedió? ¿Dónde no sucedió? (Define lugar).

c) ¿<u>Cuándo</u> sucedió? ¿Cuándo no sucedió? (Define tiempo).

d) ¿<u>Cuánto</u> sucedió? ¿Cuánto no sucedió? (Define tamaño).

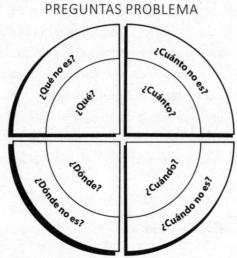

PREGUNTAS PROBLEMA

¿QUÉ? (DEFINE HECHOS)

- ¿Puedes decirme qué es el problema? ¿Qué no sabemos del problema?
- ¿Fue un accidente? ¿Qué no fue?
- ¿Fue algo esperado? ¿Fue algo no predecible?
- ¿Por qué sucedió de esa manera? ¿Por qué no sucedió de otra forma?
- ¿Qué es el problema? ¿Qué *no* es el problema?

¿DÓNDE? (DEFINE EL LUGAR)

- ¿Dónde sucedió? ¿Dónde no sucedió?
- ¿En qué otras zonas sucedió? ¿En qué zonas no sucedió?
- ¿Qué parte del proceso sucedió? ¿Qué parte del proceso no se dañó?
- ¿Específicamente dónde está ubicado? ¿Dónde no sucedió?

¿CUÁNDO? (DEFINE EL TIEMPO O EL MOMENTO)

- ¿Cuándo comenzó? ¿Cuándo no sucedió?
- ¿Cuándo nos dimos cuenta? ¿Cuándo no teníamos el problema?
- ¿Cuál fue el momento específico? ¿En qué momento no sucedió?
- ¿Cuándo fuimos informados? ¿Cuándo *no* fuimos informados y por qué?

¿CUÁNTO? (DEFINE EL TAMAÑO O MAGNITUD)

- ¿Cuánto es el problema? ¿De qué tamaño no es el problema?
- ¿Cuál es el tamaño del problema? ¿Cuál no es, pero podría haber sido?
- ¿Cuánto se dañó del total? ¿Cuántos no se dañaron y por qué?
- ¿Qué cantidad fue el problema? ¿Qué cantidad no está dañada?

Con estas preguntas lograrás encuadrar el problema: Te permite separar la información y concentrarte en el problema que **sí** es el causante del problema

Al finalizar esta etapa de indagación debes hacer preguntas de confirmación, validar la información y hacer una síntesis del tema.

También, al finalizar esta etapa, tendrás la descripción de los hechos, ubicado en tiempo, zona y magnitud del problema. En otras palabras te permite encuadrar los hechos y enfocarte en ello y evitar distracciones con información que no tiene que ver con los hechos del caso. Los pasos siguientes que te mostraré son claves para ir descubriendo la razón por la cual esto te sucedió.

- **Con estos datos tienes una descripción de lo que sucedió y éste es el propósito central de este primer paso donde te describiré el mapa del problema.**
- **Es necesario que valides la información que recabes con preguntas de confirmación, para que corrobores que la información obtenida es real y no supuestos, interpretaciones u opiniones.**
- **Cuando tengas la información de por qué *sí* y por qué *no*, debes preguntarte por qué sucedió y por qué *no* sucedió pero que podría haber sucedido, de manera que te permita encontrar una lógica de los hechos. No olvides hacer tus preguntas de confirmación para validar los hechos.**

CUADRO DEMOSTRATIVO DE PREGUNTAS QUE (SÍ) Y QUE (NO)

Análisis de los hechos. Preguntas para encuadrar el problema

Comparación de los hechos. Preguntar "por qué"

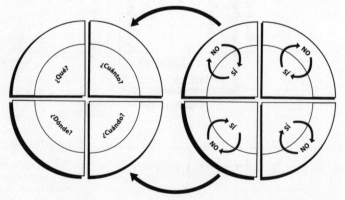

Por ejemplo, en diciembre de 2014 se cayó un avión de Air Asia que viajaba de Indonesia a Singapur. Un avión Boeing 737 de dos motores cayó al mar. La caja negra arrojó la siguiente información:

- **Primero**: El avión se cayó. No fue derribado.
- **Segundo**: Los motores se apagaron a las 11:00 pm. No fue en el despegue.
- **Tercero**: El copiloto apagó el motor número 1. No fue un problema mecánico.
- **Cuarto**: El motor averiado era el número 2 y se apagó el número 1, que era el que estaba funcionando en ese momento. No fue una explosión.

Habiendo recabado información real y verificable, el próximo paso será saber por qué el copiloto apagó el motor número 1. Para el estudio de las causas el próximo paso es analizar si hubo cambios en las rutinas o en el cumplimiento del procedimiento.

3. Cambios: analizar si hubo cambios

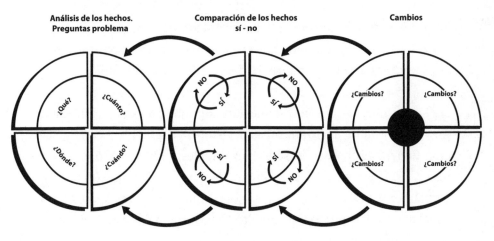

DESCUBRIR CAMBIOS

La siguiente pregunta es clave y debes recordarla cada vez que analices un problema de trabajo. La pregunta es: ¿Hubo cambios o algo diferente en el momento en el que surgió el problema?

PREGUNTAS PARA IDENTIFICAR CAMBIOS (¿HUBO ALGO DIFERENTE?)

Con la información con que contamos ahora, pregúntate:

- ¿Podemos identificar si se hicieron cambios?
- ¿Algo no cumplió con la norma?
- ¿Se hizo algo diferente?
- ¿Qué cambios se hicieron en el mantenimiento?
- ¿Qué decisiones se tomaron distintas a la norma?
- ¿Qué hicieron distinto que normalmente no se hace?
- ¿Qué cambios ocurrieron que generalmente no se hacen o está prohibido hacer?
- ¿Alguien actuó distinto o hizo algo fuera de la rutina?

En el caso del avión de Air Asia, la respuesta es afirmativa. Existieron dos cambios:

- *Cambio 1.* El capitán se había levantado de su lugar.
- *Cambio 2.* El copiloto estaba solo al mando de la nave y apagó el motor número 1 sin que el capitán estuviera presente.

Según las normas internacionales un copiloto no está autorizado a tomar ese tipo de decisiones. Las decisiones de este nivel en la aviación tienen tres pasos: (a) se toman visuales, se observa lo que va a hacer; (b) física, se ubica con la mano lo que se va hacer, y (c) se dice verbalmente lo que se va hacer, se confirman en voz alta las acciones a realizar entre el piloto y el copiloto. Pero ninguna de estas tres cosas sucedió en ese vuelo.

4. Descubrir cuál es la causa mayor

La causa mayor será la que explica toda la información que ya tenemos de los pasos 1, 2 y 3, que corresponden a la descripción de lo que **es** el problema y por qué sucedió. Para ello debes hacerte preguntas relacionando las hipótesis que tienes con toda la información que recabaste.

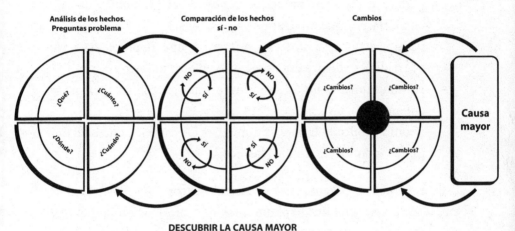

DESCUBRIR LA CAUSA MAYOR

PREGUNTAS PARA DESCUBRIR LA CAUSA MAYOR

Las preguntas de causa mayor se realizan cuando finalmente se tienen varias hipótesis de las posibles causas del problema. El objetivo es descubrir cuál es la causa más probable o Causa Mayor. Esto se descubre preguntando: ¿Cómo explica esta hipótesis que tenemos el problema?, ¿que haya sucedido en ese lugar, en ese momento y con la magnitud que sucedió? Y luego preguntarnos: ¿Cómo explica esa hipótesis los cambios que hicieron, que fueron distintos a la norma?

Cuando una hipótesis explica toda la información que tenemos, esa hipótesis es la causa más probable. Cuando agotamos todas la hipótesis que tenemos y ninguna explica la información de que disponemos debes regresar a verificar que no exista información errónea o hayamos omitido información.

Preguntas para identificar la causa mayor:

- ¿Cómo explica la hipótesis número 1 que el problema haya ocurrido?
- ¿Cómo explica la hipótesis número 1 el problema "donde" ocurrió y por qué no ocurrió en otro lugar?
- ¿Cómo explica la hipótesis número 1 que el problema haya ocurrido "ese día y a esa hora", y no en otro momento?
- ¿Cómo explica la hipótesis número 1 que el problema tenga ese tamaño y no haya sido mayor?
- ¿Cómo explica la hipótesis número 1 los cambios que ocurrieron cuando sucedieron los hechos?

Esta secuencia de preguntas se debe realizar con todas las hipótesis que tengas, y aquella que explique mejor la información con la que cuentas será la causa más probable que provocó el problema que tienes y procedes a resolver.

Si deseas recibir la hoja de análisis de problemas que utilizamos en nuestra empresa con nuestros clientes, envíanos un correo electrónico solicitándola a <mario@ borghino.com.mx>.

CONCLUSIÓN

Este método puede ser tan complejo como la cantidad de variables asociadas al caso y sus múltiples implicaciones.

Si aprendes a hacer las preguntas correctas, en cada etapa las respuestas te irán dando pistas de cuál fue la causa mayor de tu problema, o explica porqué sucedió. Entonces lo resolverás y corregirás la desviación.

Pensamiento sistémico

Toda forma inteligente de pensar surge de un pensamiento sistémico. Hasta ahora hemos dicho en el libro que para resolver una situación o problema tenemos que dividirla en partes a través de preguntas. Tal como viste en el ejercicio anterior. Pero todos los modelos de análisis que te he presentado durante los capítulos del libro están basados en el pensamiento sistémico; que significa que así como nuestro planeta es un sistema que forma parte de un conjunto de subsistemas, todos los sistemas interactúan entre ellos y si afectas a uno afectas el todo, ya que están interconectados entre sí. Por ejemplo, la ecología es un sistema que integra otros subsistemas, ya que si le afectas a una planta su tierra se dañará su crecimiento, si eliminas alguno de los elementos que necesita, como el sol o el agua, por principio afectas el todo, ya que son interdependientes: uno está conectado con el otro. En una empresa —cuando ves todos los elementos que la componen— cualquier incidente en uno de sus subsistemas afectará el resultado final. En el modelo de análisis de problemas, que acabamos de ver, cada paso nos permite ver lo siguiente:

a) Podemos ver el problema en sus partes y no en forma general.
b) El análisis te lleva a distinguir la relación causa-efecto y los síntomas del problema real.
c) Al cuestionar cada parte del problema tienes que estar alerta para aplicar un pensamiento sistémico que le dé sentido a cada parte de la información que recabas con las preguntas.
d) Pensar en forma sistémica te permitirá ver la naturaleza de causa y efecto de cada una de las partes. Así como la conexión entre cada uno.

e) El pensamiento sistémico al usar las técnicas de preguntas te llevará rápidamente de pensamientos puntuales a conclusiones más profundas.

f) Cuando desarrolles el hábito del pensamiento sistémico tendrás conclusiones más inteligentes cada día. Sabrás inferir al relacionar un tema con otro.

b) Solución de problemas interpersonales

Ahora analizaremos los problemas que necesitamos resolver con personas, y que también requiere que apliques el pensamiento sistémico para ver causas y efectos en forma natural. La solución con personas tiene un proceso distinto e integra dos componentes esenciales:

- La persona
- El problema

En la mayoría de los problemas interpersonales están afectadas las emociones de cada persona, con sólo pensar en ellas las emociones surgen. Esto conduce a una confusión que potencia una discusión frontal, en lugar de llevarnos a una solución. Te presentaré un modelo que lleva muchos años conmigo y cuya simplicidad produce resultados extraordinarios, si se realiza con información válida y se cumplen los pasos que te presentaré.

Actitud ganar/ganar

Una correcta solución a problemas entre dos personas es cuando concluye con una actitud de ganar/ganar, que permita a ambas partes obtener lo mejor de la situación.

Asumir una posición donde ambos ganemos. Significa:

1. Buscar el beneficio mutuo

La persona que elige ganar debe tener la intención de que los otros ganen también. Cuando uno asume esta postura necesita tener flexibilidad y tomar tiempo para encontrar varias soluciones que lleven a ambos a una solución, sin que existan sentimientos encontrados en ninguna de las partes, aun si no logran todo lo que esperaban.

Lo que caracteriza a las personas que buscan ganar/ganar y que están en una discusión con su jefe, con su pareja, con un amigo, con una amiga, con un hijo, es buscar el beneficio mutuo y tener una postura cooperativa, no competitiva. No es buscar mi razón sobre tu razón, no es mi postura o la tuya, sino la mejor para ambos.

2. Conciliar

Las discusiones se tornan en batalla cuando cada una de las partes busca despiadadamente convencer a la otra persona, enjuiciar o demostrarle lo equivocada que se encuentra. Esa postura no les permite llegar a una solución sino a la descripción de la postura individualista de cada uno, posturas que por supuesto son distintas, opuestas o competitivas. Pero en el fondo no hay una disposición conciliadora en ambas partes. La conciliación de toda discusión no radica en definir posturas monolíticas, sino en tener la intención de encontrar una nueva alternativa que resuelva el problema en cuestión.

En discusiones donde se busca ganar/ganar, ambos intentan escuchar a la contraparte intentando comprender el punto de vista de la otra persona aun si es muy distinto, para que al final juntos encuentren una nueva alternativa mejor de la que cada uno presenta. La solución de problemas con personas requiere subir el nivel de la discusión del individual al colectivo, donde ambos coinciden, para luego atender las diferencias.

Ganar/ganar es por definición un estado de diálogo que busca salir de la postura inicial individualista y egocéntrica de ganar/perder. En los negocios, en tu vida personal, familiar y en negociaciones comerciales, en el liderazgo es clave tener esta postura de ganar/ganar si deseas resolver o evitar los conflictos personales o profesionales.

Centrarse en el problema, sin juzgar a la persona

Las actitudes que estimulan la discusión de perder/perder ambos, son aquellas que juzgan a la otra persona y cómo lo expresa:

- ¿Por qué eres tan necio?
- ¿Tú, qué escondes con lo que dices?
- ¿Por qué no dices la verdad?
- ¿Qué hay detrás de lo que dices?
- ¿Cómo puedes concluir eso si aún no sabes nada?
- ¿Quieres engañarme con eso, verdad?
- ¿Por qué mientes?
- No es cierto, eso no fue lo que sucedió.

Toda actitud que juzga a la persona y no al problema es como gasolina al fuego: enciende más el distanciamiento entre las partes y los componentes emocionales.

Debes arriesgar parte de tu verdad para ponerte a escuchar a la contraparte sin caer en los juicios. Esto significa ceder con mucha seguridad en ti mismo, porque con opiniones encontradas el problema se transforma en una lucha frontal y nunca avanzarán en la búsqueda de una buena solución. No significa juzgar o centrarte en la persona, sino centrarse en el objetivo que persiguen.

Es necesario separar el problema de la otra persona, de lo contrario no podrán discutir en forma madura y menos aún si existe una carga emocional del pasado en el ambiente, ya que la postura de juzgar, enjuiciar y reclamar sólo altera el clima, el estado de ánimo y la pérdida de la credibilidad para encontrar soluciones. Se trata de comprender que es una discusión que requiere una solución interdependiente donde ambos deben ceder un poco con el propósito de encontrar la solución final.

Tener una actitud de abundancia

Para que ambos ganen se necesita tener una actitud de abundancia, es decir, pensar que hay mucho más para ambos de lo que se está discutiendo en la mesa, que los puede llevar a una solución superior. Es encontrar una nueva alternativa ya que la postura unilateral los llevará a la rivalidad y mantener posturas. Es pensar que hay más caminos ocultos y opciones que deben encontrar juntos, una alternativa que aún no han descubierto, que es mejor que el planteamiento individual.

Adoptar una postura de integridad

Para que ambos ganen debe haber una postura de autenticidad que permita un acuerdo de largo plazo. A corto plazo puede haber discusiones de interpretaciones que luego salen a relucir y que jamás se concilian. En toda relación de largo plazo, si los dos no ganan al final, los dos pierden: ya sea en los negocios, en la pareja, en las amistades, en la relación de padres con sus hijos; estas relaciones son, en su concepción, de largo plazo. El principio en las relaciones interpersonales nos dice que debe haber integridad en los acuerdos para que ambos triunfen y evolucione la relación. Un acuerdo rápido sólo para salir del paso disminuirá con el tiempo la credibilidad y confianza mutua. Ganas una vez pero las próximas negociaciones serán luchas infranqueables.

MODELO PARA RESOLVER PROBLEMAS INTERPERSONALES

Ahora para aprender este proceso que te ayudará a resolver los problemas con personas, es necesario realizar algunas preguntas clave:

Tal como explicamos en capítulos anteriores, es necesario definir cuál es el problema a resolver y separar que *sí* es el problema de lo que *no* es. Una vez focalizado en el problema, estás definiendo el terreno donde se discutirán los temas y, de inmediato, se procede a preguntar para conocer cuál es la posición de cada uno.

Paso 1. **Posiciones. ¿Qué posición tenemos respecto al problema?**

Seguramente la posición de cada uno determinará la distancia que los separa. Cuanto más opuestas sean las opiniones, mayor será la complejidad del proceso de solución. En esta etapa se echan las cartas sobre la mesa.

Mi posición   Tú posición

Pregúntate:

- ¿Cuán distante estoy de la otra persona?
- ¿Tiene una actitud de ganar/ganar o quiere ganar solamente?
- ¿Cómo podré conciliar las partes si estamos tan distantes?
- ¿Hay muchos juicios personales?
- ¿Las posturas nos alejan de una posible solución?
- ¿Estamos hablando con la verdad o le estamos dando vueltas al tema?
- ¿Cuán objetivos estamos siendo?
- ¿Hay heridas emocionales del pasado que pueden limitar el acuerdo?

Paso 2. Definición del objetivo común. ¿Qué objetivo queremos lograr al final de esta discusión?

La definición del objetivo final es fundamental para que se identifiquen los puntos comunes y no comunes. No habrá solución al problema si no se define el objetivo donde **sí** están de acuerdo y separen los temas en los que **no** están de acuerdo, que no serán parte de esta discusión.

PREGUNTAS PROBLEMA (ENTRE PERSONAS)

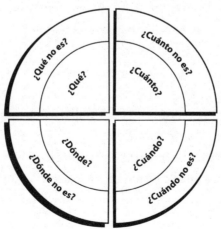

Preguntas problema: Que sí y que no, para identificar los temas en los que estamos de acuerdo, por lo tanto nos llevará al objetivo común a resolver.

DEFINICIÓN DEL TERRENO DEL OBJETIVO COMÚN

Deberán invertir tiempo en escucharse y presentar ideas para llegar al final a un acuerdo del objetivo final de este diálogo. A mayor claridad, mayor será la posibilidad de conciliar las partes. El compromiso que tengan con el objetivo final será la brújula que dirigirá el rumbo de la discusión.

Definir el Objetivo Común:

- ¿Qué **sí** queremos lograr? ➤ ¿Qué **no** queremos que suceda?
- ¿Qué tenemos en común? ➤ ¿En qué puntos **no** somos comunes?
- ¿Con qué podríamos estar contentos? ➤ ¿Qué no queremos discutir?
- ¿Qué es lo mínimo a lograr entre ambos? ➤ ¿Qué escenario **no** queremos?
- ¿Hemos sido honestos con este objetivo? ➤ ¿Qué **no** queremos que surja en la discusión?
- ¿Qué **sí** queremos integrar en la discusión y qué **no** queremos?
- ¿Contempla a ambos o a una de las partes? ➤ ¿Qué **no** contempla?

Paso 3. **Nueva alternativa. ¿Cuál es la nueva alternativa que nos permitirá resolver el objetivo común que definimos?**

Encontrar una nueva alternativa requiere una actitud de ganar/ganar en ambas partes, ya que deberán ceder en algo, con el fin de encontrar la solución final que mejor responda al objetivo final definido por ambos. No es una postura de convencer, sino de encontrar caminos para resolver el objetivo común.

No pretendas buscar soluciones si no hay compromiso de alguna de las partes con el objetivo común. No inicies la discusión. De lo contrario, invertirás muchas horas con la otra persona, en tus juntas y reuniones, sin un buen fin. Todo el tiempo trae a la mesa de discusión que la principal razón de esta reunión es conciliar las partes para cumplir con el objetivo común, ya que en ese espacio definido como objetivo ambos están de acuerdo. Escribe y pon en un lugar visible el objetivo común que definieron en conjunto para evitar interpretaciones.

Si se comprometen honestamente con el objetivo común y tienen una actitud de ganar/ganar, todo será posible aun si las posturas iniciales fueran distantes. El objetivo común subordina al objetivo individual y reduce el protagonismo y las posturas inflexibles para que se transformen en aportaciones a lo colectivo.

Siempre que haya dos posturas antagónicas, nos indica que existe otra posible alternativa que sería una tercera alternativa superior que requiere ser descubierta por ambas partes. Las polarizaciones sólo describen territorios irreconciliables, ninguno de los dos tiene la solución que concilie las partes, eso significa que existe en el fondo otra que ninguno ha descubierto aún.

Seguramente ambos tienen razón en sus puntos de vista individuales, pero no integran a la otra persona, por lo tanto son incompatibles y será rechazada. Con esta nueva visión es posible que en varias rondas de conversaciones, teniendo una nueva posición, puedan ver otros caminos de solución.

Te invito a que hagas el ejercicio de flexibilizar tus posturas para cambiar el paradigma con el que estás viendo la solución o el punto de vista de la otra persona. Invita también a la otra o las otras personas a que lo hagan también. Tener una nueva visión permite ver el problema desde otra perspectiva y con ello contemplar una nueva solución que antes no se percibía. No estoy hablando que de cedas, sólo te invito a que escuches con la intención de comprender por qué están tan polarizados y comentarlo.

NEGOCIANDO CON EL OBJETIVO COMÚN EN MENTE

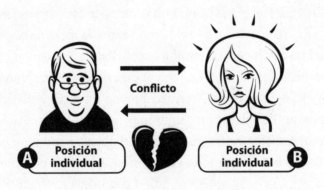

Pregúntate:

- ¿Encontramos una alternativa mejor que las posturas iniciales que teníamos?
- ¿La solución que encontramos es superior a las anteriores que teníamos individualmente?
- ¿Las soluciones que tenemos ahora resuelven el objetivo planteado por ambos?
- ¿Encontramos la solución final al problema al haber definido el objetivo?
- ¿Tendremos que resolver nuestras emociones primero para luego atender el objetivo común?
- ¿Necesitamos otras rondas de discusiones para ir limando asperezas?
- ¿Cuánto tiempo podemos darnos para la solución final?
- ¿Tenemos una actitud de ganar/ganar?
- ¿Podemos dejar algunos temas para negociaciones posteriores y comenzar a trabajar con los acuerdos a los que hemos llegado hoy?

Posibles limitaciones de una solución ganar/ganar

Las limitaciones más comunes que no permiten conciliar las partes son generalmente emocionales. Son heridas que venimos arrastrando que no nos permiten ceder. Ya que la carga emocional que traes te dirá que si cedes, pierdes. La herida emocional te dirá: "O se hace como yo digo o no hay trato". Cuando existan heridas emocionales te sugiero abandonar la discusión y tratar con ayuda externa para reducir la rivalidad emocional que existe en ambos con ayuda de un *coach*. Si se logran conciliar esas partes, el acuerdo tendrá viabilidad. De no ser así necesitarán un *coach* profesional que modere la sesión, para disminuir la rivalidad emocional.

Pregúntate:

- ¿Tenemos emociones o heridas emocionales irreconciliables entre ambos?
- ¿Estamos buscando el beneficio individual solamente?
- ¿Tenemos una actitud cooperativa o una actitud competitiva?
- ¿Estamos actuando en forma reactiva?
- ¿Somos tercos, inflexibles o agresivos con la persona, en lugar de ver caminos?
- ¿Hemos podido separar el problema de la persona o sólo nos juzgamos?

Como dije al inicio de este tema, en los problemas interpersonales, ya sea entre dos personas, en una junta de trabajo, en una relación de pareja, en una situación de los padres con sus hijos o entre amigos la complejidad surge porque hay dos elementos en juego:

a) Las emociones de ambos
b) El problema a resolver

La madurez se observará cuando ambos busquen conciliar el punto de vista personal con el punto de vista de la otra persona, para resolver el objetivo común. Por principio éste se debe definir al inicio de la conversación para que puedan determinar el terreno donde la discusión se llevará a cabo en buenos términos.

¡Buena suerte! Y hazle muchas preguntas a tu vida si quieres cambiarla.

Te invito a que practiques este método de tres pasos:

1. Plantear las posiciones individuales.
2. Definir el objetivo común que desean lograr.
3. Encontrar una nueva alternativa donde ambos estén de acuerdo.

EPÍLOGO

PREGÚNTALE A TU VIDA

Una vida sin reflexión no vale la pena vivirla.

Sócrates

Ahora que tienes en tus manos todos los recursos, métodos, procesos y sistemas para hacer preguntas de alto nivel para tu vida profesional, no puedo dejar de invitarte a que te preguntes acerca de tu vida. Para aplicar todo lo aprendido, necesitas incorporar el hábito de hacer preguntas y ése se cultiva primero dentro de ti. Por ello te pregunto: ¿Qué quieres de la vida? ¿Qué anhelas? ¿Cuál es tu visión en la vida? Sabiendo que visión es aquel camino que eliges para crear una nueva realidad de tu vida. En mi trayectoria como consultor y asesor de ejecutivos en varias partes del mundo, he observado que la mayoría de las personas no tienen una visión clara de lo que quieren de su vida. Es decir, no obtienen lo que quieren porque no saben lo que quieren. También he observado que el hecho de que tengas una idea clara de la nueva realidad que pretendes, no garantiza que te pongas en camino, ya que la incertidumbre que te crea lo nuevo puede no ser tu fortaleza, más aún si te causa temor. Poco a poco, si el miedo te embarga, irás perdiendo la fe, lo que te inmoviliza haciéndote tomar muy pequeños riesgos aislados, aun sabiendo que lo que anhelas transformaría tu existencia y te haría una persona feliz. Pero necesitas la fuerza que emana de la fe para lograr lo que más quieres. Considerando la fe como la certeza que tienes de algo a pesar de no tener evidencias de que sí sucederá; sin embargo, te arriesgas de todas maneras. Significa creer en tus sueños, en aquello que aún no es realidad y que para muchos es una verdadera locura; pero es más importante la pasión que tengas, que aquello que la racionalidad te diga de la situación. La racionalidad puede decirte que la probabilidad es de 10% pero tu pasión te dice: ¡arriésgate! En suma, la pasión y la fe son los únicos instrumentos que tenemos como verdaderas palancas para potencializar nuestra valentía, para hacer lo que a simple vista es imposible. De ahí surge la valentía y la creencia en tu capacidad para transformar tu vida de una vez por todas, inclusive a pesar de las condiciones. Si le encuentras sentido a tu vida, de ahí sacarás la fuerza que emana de la pasión por una visión y desde ahí combatirás la incertidumbre. Para descubrir tu vida entonces será necesario que te hagas preguntas, ya que la inteligencia más elevada de un ser humano es dudar y encontrar caminos alternativos para lograr algo superior. Te invito a que salgas de tu zona de ilusión para que tomes el camino de la acción y especules con tu vida y te preguntes: "¿Qué quiero hacer? ¿Qué me limita? ¿Qué caminos tomaré? ¿Qué me tiene estancado?". Para responder debes dejarte llevar por las preguntas, para que llegues al origen del problema que te tiene inmovilizado.

Reflexiona:

- ¿Si no tuviera miedo, a qué me arriesgaría hoy?
- ¿Qué importancia tiene esa decisión para transformar mi realidad?
- Si tuviera la certeza de que voy a tener éxito, ¿a qué me arriesgaría?
- ¿Que siempre he sabido qué quiero pero aún no me he animado a dar el gran salto de mi vida?

- ¿Qué estoy esperando?
- ¿Soy de las personas que espero que las condiciones cambien para que sea propicio tomar las decisiones de riesgo o soy una persona valiente que pone toda la carne en el asador y se la juega?

Las preguntas tienen la particularidad de crear nuevas alternativas, te hacen ver otros caminos, comienzas a ver que lo imposible es posible, ves más allá del obstáculo.

Pregúntate:

- ¿Si hoy tuviera la total libertad de decidir qué hacer con mi vida, que haría con ella?
- Y de inmediato: ¿Qué me impide hoy hacerlo? ¿Qué no me permite avanzar?
- ¿Qué no sabe la gente que si lo dijera me daría mucha pena de mí mismo?
- ¿Cuál es mi proyecto oculto que nunca he sacado del baúl de los recuerdos por miedo?

Las preguntas te confrontan y para ello necesitas valentía, de lo contrario darás explicaciones del porqué no y no por qué sí hacerlo de una vez.

Si logras tener la valentía que surge de la fe, te darás cuenta de que podrías hacer mucho más de tu vida de lo que has hecho hasta hoy, sólo por haber vencido tus miedos.

Será necesario que tomes control de tu vida y ello sólo se logra asumiendo el control de tu mente. Experimentamos la vida a través de lo que nuestra mente dicta y de las acciones al poner en movimiento nuestras decisiones. Nuestra mente es la computadora más poderosa que existe en la tierra, capaz de darte todo lo que anhelas, pero para ello debes creer en ti y controlar tus miedos, ya que los miedos te contraen, te enquistan y te transforman en la persona que no quieres ser. Si las preguntas acerca de lo que tú anhelas las llevas a cabo repetidas veces, te pondrán en el camino de la acción y te sacarán del estado de estancamiento que no hace más que llenarte de ilusiones. Construirás dentro de ti el hábito de ganar.

Decía Sócrates: "Si no resuelves tus problemas, te transformarás en un filósofo de la vida".

Deberás aprender a hacerte preguntas positivas que te llenen de energía y te pongan en el camino de los hechos y te saquen del sendero del estancamiento, de acciones pequeñas llenas de temor, inseguridad y postergación, que no te llevan adonde tú quieres. El tiempo se te va de las manos sin resultados. Pregúntale a tu vida y llénala de alternativas, especula con tu vida, para que te ponga en acción y te lleve al camino del éxito. No hay ninguna diferencia entre tú y las demás personas de esta tierra. Las personas exitosas sólo son diferentes porque ponen en acción todo lo que anhelan en su vida, trabajan en el terreno de los hechos, tienen fe y se arriesgan, a pesar del miedo a lo desconocido.

Te aconsejo enfocarte en lo que más anhelas, en aquello que es posible para ti, día tras día, sin desviarte del foco de atención de lo que más anhelas con toda pasión y el éxito surgirá como consecuencia de la perseverancia que emana de la fe en ti. Buena suerte y hazle buenas preguntas a tu vida.

CONCLUSIONES

MOMENTO PARA REFLEXIONAR

FRASES INTELIGENTES DE GRANDES PENSADORES

Las personas exitosas hacen preguntas. Buscan nuevos horizontes. Siempre están aprendiendo.

ROBERT KIYOSAKI

Lo importante es no dejar de hacerse preguntas.

ALBERT EINSTEIN

Es más fácil juzgar el talento de una persona por sus preguntas que por sus respuestas.

STEVE JOBS

Yo no procuro conocer las preguntas, procuro conocer las respuestas.

CONFUCIO

La ignorancia es una preocupación temporal, que se remedia con las preguntas correctas.

COLLINS POWELL

Hay tiempos que necesitamos hacernos preguntas, pero hay tiempos en que necesitamos tener las respuestas.

WALT DISNEY

No significa que soy muy inteligente. Pero procuro estar un buen tiempo haciéndome preguntas.

ALBERT EINSTEIN

Las preguntas de calidad te dan una vida de calidad. La gente exitosa hace mejores preguntas y como resultado tiene mejores respuestas.

ANTHONY ROBBINS

Las personas que no se hacen preguntas no tienen idea de la vida que viven.

NEIL DEGRACE TYSON

El amor es la respuesta, pero mientras esperas, el sexo te plantea unas cuantas preguntas.

WOODY ALLEN

Tú ves las cosas y te preguntas ¿por qué? Sin embargo, yo sueño con cosas y digo ¿por qué no?

GEORGE BERNARD SHAW

Esperar duele, olvidar duele. Pero el peor de los sufrimientos es no saber qué decisión tomar después de hacerte una pregunta.

PAULO COELHO

Si quieres llegar a alguna parte en tu vida, haz las preguntas correctas.

MARK TWAIN

Las respuestas que buscas, siempre te llevan a tu interior, porque ahí es donde nacen todas las preguntas.

SÓCRATES

Vivir es la respuesta fundamental a la suma de preguntas que te haces en la vida.

ALBERT CAMUS

La verdadera sabiduría está en reconocer la propia ignorancia, que se descubre a través de preguntas.

SÓCRATES

No sólo enseñes a tus hijos a leer...enséñales a cuestionar lo que leen. Enséñales a que cuestionen todo.

CARL SAGAN

Si no te cuestionas lo que estás haciendo hoy. Todos tus mañanas se verán como ayer.

JIM ROHN

Cuando creíamos que teníamos todas las respuestas nos cambiaron las preguntas.

MARIO BENEDETTI

¿Por qué las personas que cambian el mundo tienen que irse tan pronto?, como Steve Jobs.

ANÓNIMO

El cerebro es la computadora más poderosa que existe y es capaz de darte todo lo que deseas, sólo tienes que preguntárselo.

ANTHONY ROBBINS

La vida que no es cuestionada no vale la pena vivirla.

SÓCRATES

Sólo el conocimiento que llega desde dentro, es el verdadero conocimiento. Pero sólo surge de las preguntas.

SÓCRATES

En realidad no puedo enseñar a nadie. Yo sólo puedo hacerles pensar con mis preguntas.

SÓCRATES

PREGUNTAS SABIAS DE GRANDES PENSADORES

¿Si una manzana cae, también lo hará la luna?

ISAAC NEWTON

¿Qué sucedería si yo me montara en un rayo de luz?

ALBERT EINSTEIN

¿No será que el drama de la vejez no consiste en ser viejo, sino en haber sido joven?

OSCAR WILDE

¿Será que lo que sabemos es una gota de agua y lo que ignoramos un océano?

ISAAC NEWTON

Lo malo de hacernos propuestas inteligentes, ¿no será que uno corre el riesgo de llevarlas a cabo?

GENE BROWN

¿Comprendes que lo que me preocupa no es que me hayas mentido, sino que, de ahora en adelante, ya no podré creer en ti?

FRIEDRICH NIETZSCHE

¿No crees que a veces podemos pasarnos la vida sin vivir en lo absoluto y de pronto toda nuestra vida se concentra en un solo instante?

OSCAR WILDE

Si no te gusta a donde te diriges, ¿por qué no cambias el rumbo?

ANTHONY ROBBINS

¿Cuánta gente dedica al menos un rato a analizar su vida y planificar su futuro? El 5% sí lo hace, el 95% no lo hace.

Si no tuvieras miedo, ¿qué te animarías a hacer con tu vida?

¿Tienes miedo de decir te amo? A veces puede ser demasiado tarde.

Si tuvieras la certeza de que tendrás éxito, ¿qué te atreverías finalmente a hacer en tu vida?

Si una bola de cristal te pudiera decir la verdad acerca de ti mismo, tu vida, tu futuro, ¿qué le preguntarías?

¿Hay algo que has deseado hace mucho pero aún no lo has hecho? Pregúntate: ¿Por qué no lo has hecho hasta hoy?

¿Si supieras que dentro de un año vas a morir, cambiarías algo de tu manera de vivir que hoy tienes? ¿Qué sería?

¿Sabías que el éxito se logra enfocándote todos los días en aquello que es posible para ti?

ANTHONY ROBBINS

¿Quieres asumir el control de tu vida? Asume el control de tu mente.

ANTHONY ROBBINS

¿Quieres saber el secreto de mi éxito? Fue rodearme de gente más inteligente que yo.

ANDREW CARNEGIE

¿Será que hace falta toda una vida para aprender a vivirla?

SÉNECA

¿Sabías que algún día despertarás y descubrirás que ya no tienes más tiempo para hacer lo que soñabas? El momento es ahora, actúa.

PAULO COELHO

Quien dedica tiempo a mejorarse a sí mismo, ¿tendrá tiempo para criticar a los demás?

MADRE TERESA

¿Sabes que daría la mitad de lo que sé por la mitad de lo que ignoro?

RENÉ DESCARTES

¿Quieres ser feliz? Aléjate de las cosas y acércate a ti mismo.

ROUSSEAU

¿Qué recurso le está pisando los talones al petróleo?

ELON MUSK

¿Sabías que los que se aferran a las antiguas maneras de hacer las cosas y temen a los cambios se vuelven agresivos y muy críticos?

ANTONIO RUIZ

¿Conoces que conquistar el miedo es el inicio de la riqueza?

RICHARD BRANSON

¿Mi más grande motivación? Retarme a mí mismo.

RICHARD BRANSON

¿Tú no trabajas por tus sueños? Entonces alguien te contratará para que trabajes para los suyos.

STEVE JOBS

¿Te gusta celebrar tus éxitos?, pero es más importante prestar atención a las lecciones de tus fracasos.

BILL GATES

¿Sabes qué es lo único que hay entre tus metas y tú? Es la historia que te sigues contando de ti mismo de por qué no lo puedes lograrlas

JORDAN BELFORT

¿Escuchas a las personas que creen que tienen razón? Mejor escucha a los que tienen resultados.

DONALD TRUMP

¿Sabes qué aprendí de la vida? Que si no puedes ser feliz con pocas cosas, no vas a ser feliz con muchas.

JOSÉ MUJICA, expresidente de Uruguay

El poder no cambia a las personas, sólo nos revela quiénes son realmente.

JOSÉ MUJICA, expresidente de Uruguay

¿Sabías que pasamos mucho tiempo ganándonos la vida, pero no suficiente tiempo viviéndola?

MADRE TERESA

¿Sabes lo que aprendí? Al final de cuentas todo es y será entre tú y Dios.

MADRE TERESA

¿Quieres saber cómo hacerte rico? Sé arriesgado cuando todos son avaros y sé avaro cuando todos son arriesgados.

WARREN BUFFETT

¿Naciste pobre? Ésa no es tu culpa. Pero si mueres pobre entonces sí es tu culpa.

BILL GATES

Sabemos qué somos, ¿pero por qué no sabemos en qué podemos convertirnos?

WILLIAM SHAKESPEARE

¿Te das cuenta que si no deseas mucho, hasta las cosas pequeñas te parecerán grandes?

MARIO BENEDETTI

INFORMACIÓN DEL AUTOR

Para conferencias de este tema o mayor información del mismo, comunícate a

Borghino Consultores, S.C.

Somos una empresa con más de 35 años de experiencia en desarrollo humano y de organizaciones.

Tel: 55 34 19 25
mario@borghino.com.mx
Twitter: @borghino mario
Facebook: Borghino consultores

NOS IMPORTA TU OPINIÓN:
Si nos envías tus comentarios acerca del libro, tendrás dos boletos gratis a una de mis conferencias.

1 000 000 libros vendidos del autor:

El arte de dirigir
El arte de hacer dinero
Manual práctico de El arte de hacer dinero
El arte de hacer de tu hijo un líder
Manual práctico de cómo hacer de tu hijo un líder
Innovar o morir
Cómo salir del hoyo
Cómo crecer en tiempos de crisis
El gran salto de tu vida

Si deseas adquirir cualesquiera de nuestros libros, consúltanos.

El arte de hacer preguntas de Mario Borghino
se terminó de imprimir en julio de 2017
en los talleres de
Litográfica Ingramex, S.A. de C.V.
Centeno 162-1, Col. Granjas Esmeralda, C.P. 09810
Ciudad de México.